Penelope Russianoff
Bin ich ohne Mann nichts wert?

Penelope Russianoff

Bin ich ohne Mann nichts wert?

Kösel-Verlag München

Übersetzung aus dem Amerikanischen:
Gudrun Theusner-Stampa/Josef Wimmer, Wittibreut.
Die Originalausgabe erschien unter dem Titel »Why Do I Think I Am Nothing Without A Man« bei Bantam Books, New York

CIP-Kurztitelaufnahme der Deutschen Bibliothek

Russianoff, Penelope:
Bin ich ohne Mann nichts wert? /
Penelope Russianoff.
[Übers. aus d. Amerikan.: Gudrun Theusner-Stampa ; Josef Wimmer]. – München : Kösel, 1987.
Einheitssacht.: Why do I think I am nothing without a man ⟨dt.⟩
ISBN 3-466-30234-X

Gesamtherstellung: Kösel, Kempten.
Umschlag: Brigitte Schneider, Lüftelberg.
ISBN 3-466-30234-X

Inhalt

Keiner der »Patienten«, von denen in diesem Buch die Rede ist, ist eine wirkliche Person. Alle Namen sind frei erfunden, und alle Fallgeschichten hat die Autorin selbst zusammengestellt; sie sind aus ihrem reichen beruflichen Erfahrungsschatz geschöpft.

Dieses Buch ist
Leon Russianoff, meinem Mann, gewidmet.
Er hält meine Unsicherheiten und Zweifel aus,
er vereitelt meine Anklammerungsversuche;
er bestärkt mich liebevoll
in meiner Selbständigkeit und Neugier,
in meinem Forscherdrang und in der Risikofreude,
die meine Laufbahn als klinische Psychologin
ständig von mir gefordert hat.

Einführung

Dieses Buch geht so gut wie jede Frau an. Ich sage »so gut wie jede« – anstatt mich an alle Frauen zu wenden –, weil es durchaus Frauen gibt, die keinen Mann im Haus oder irgendwo sonst in ihrem Privatleben brauchen, um sich als vollständige Menschen zu fühlen. Es *gibt* Frauen, die völlig autonom sind, die allein sein, ja, allein leben können – und damit zufrieden sind.
Wie ich jedoch in meiner Praxis, in meinen Seminaren an der New Yorker NSSR* und auf meinen Reisen erlebt habe, haben nur allzu viele Frauen das Gefühl, ohne Mann sei ihr Leben nicht wirklich vollständig. Für sie ist dieses Buch. Ich will keineswegs die Freuden der Liebe und die Vorzüge der Ehe oder des Zusammenlebens mit einem Mann schlechtmachen. Ich bin glücklich verheiratet. Ich mag die Männer und bin überzeugt, daß eine gute, solide und tiefe Beziehung zu einem Mann für eine Frau durchaus erstrebenswert ist – aber nicht so, daß alles andere ausgeschlossen ist, nicht um den Preis ihrer Eigenständigkeit. Dieses Buch soll Frauen helfen, herauszufinden, was »alles andere« ist (und das ist natürlich für alle Frauen verschieden), diese »Eigenständigkeit« zu entfalten, sich als *Menschen* gut zu finden und aus ihrem Leben so viel wie möglich herauszuholen – ohne sich übermäßig auf die Männer als Spiegel und Mentoren zu stützen.
Der Frauenbewegung ist es gelungen, das Leben der Frauen in vieler Hinsicht zu verbessern. Sie hat die Frauen angeregt, noch mehr dafür zu tun, daß ihr ganzes Potential zum Tragen kommt. Immer mehr Frauen handeln in Arbeit und Beruf selbständig und zeigen in jeder Hinsicht mehr Durchsetzungsvermögen und Selbstbewußtsein. Viele lassen sich aber nach wie vor (die eine mehr, die andere weniger) von dem inneren Kehrreim bremsen: »Ohne Mann bin ich nichts wert.«

* New School for Social Research

Es ist tatsächlich meistens eine *innere* Stimme – und das gibt keine Frau gerne zu.
»Aber ich meine gar nicht, daß ich ohne Mann nichts bin!« sagte meine Stieftochter neulich zu mir. »Na ja, jedenfalls nicht ganz.«
Viele meiner Patientinnen äußern sich, zumindest am Anfang, in derselben Weise. Wenn ich auf einer Rundreise Frauen jeden Alters befragen würde, ob für sie das Glück *in erster Linie* in einer guten Ehe (oder in etwas, das dem einigermaßen ähnlich ist) liegt, würden die meisten nach meiner Meinung »nein« sagen (aber »ja« denken).
Heutzutage ist »Hausfrau« kein Modeberuf. Man gibt auch nicht gerne zu, daß einem letzten Endes mehr daran liegt, einen Mann an Land zu ziehen, als eine Beförderung zu erkämpfen.
Ich spreche von der Entscheidung über die Art, wie wir leben wollen, in Modebegriffen, als gehe es um Rocklängen oder Hosenschnitte, weil unser Verhalten und unser Lebensstil – oder das, was sie nach unserer Meinung sein sollten – Mehrheitsentscheidungen, Urteilen von Fachleuten, Einflüssen der Medien und Gruppendruck nicht weniger unterworfen sind als unsere Kleidung.
Aber trotz aller modisch emanzipierten Rhetorik, die bei uns kursiert, richten sich die meisten Frauen in ihrem Leben weitgehend danach, wie man einen Partner »kriegt« und behält. Wenn man eine modische »Unabhängigkeitserklärung« hinterfragt, sieht die Wirklichkeit oft ganz anders aus.
Zum Beispiel verkündete vor kurzem eine Schlagzeile auf der ersten Seite der *New York Times:* »Junge Frauen heute: Lieber Familie als Beruf!« In dem Artikel beschrieb Dena Kleiman die Probleme vieler Studentinnen an mehreren Colleges der amerikanischen Ostküste: Wie sollten sie Berufstätigkeit, Mann und Kinder – kurz gesagt »alles zusammen« – miteinander vereinbaren? Wenn »alles zusammen« nicht möglich sein sollte, waren ziemlich viele der befragten jungen Frauen bereit, zugunsten von Mann und Kindern die Berufstätigkeit zu opfern. Sie gingen anscheinend von der Annahme aus, ein Beruf könnte befriedi-

gend sein oder nicht, die Alternative »Mann und Kinder« wäre es aber auf jeden Fall.

Eine Studentin höheren Semesters in Princeton erklärte demonstrativ, sie bewerbe sich nur an juristischen Fakultäten, um Männer kennenzulernen. Sie plante zwar, nach dem Abschlußexamen eine Zeitlang ins Ausland zu gehen, aber »wenn ich dem richtigen Mann begegnen würde, wäre es mir wichtiger, mit ihm zusammen zu sein, als mich ein halbes Jahr in Japan herumzutreiben.«

Diese Einstellung bekomme ich in meiner Praxis immer wieder von den Frauen zu hören, die bei mir »Hilfe« suchen, weil sie Probleme mit ihren Beziehungen oder ihren »Nicht-Beziehungen« haben.

Viele Frauen erwarten von mir magische Veränderungen ihrer Seele und hoffen, sich dann einen Mann angeln zu können. Mit einer neuen Frisur, einem erlesenen Make-up, einer »So-kommen-Sie-gut-an«-Garderobe (aber nicht in der seriösen Geschäftsvariante) war es nicht geglückt. Deshalb glaubten sie, sie müßten sich vielleicht psychisch »überholen« lassen.

Und wenn ich Frauen, die verzweifelt sind, weil sie keinen Mann finden, nahezubringen versuche, sie *könnten* vielleicht sogar glücklich werden, wenn sie keinen finden, treffe ich gewöhnlich auf heftigen Widerstand. Die Vorstellung kommt ihnen nicht nur unattraktiv, sondern auch unrealistisch, unmöglich, ja, unglaublich vor.

»Was ist bloß mit mir los?«, möchten die meisten meiner Patientinnen wissen. »Warum rennen mir die Männer nicht die Tür ein?« Eine Patientin bat, sie aus der Einzel- in die Gruppentherapie zu versetzen – vorausgesetzt, in der Gruppe seien auch Männer! Auf diese Weise hätte sie nämlich die Möglichkeit, nach ihrem Idealmann Ausschau zu halten, während sie zugleich ihre Psyche gut genug in Form brächte, um ihn an Land zu ziehen.

Natürlich verlassen sich nicht nur Frauen zu sehr auf das andere Geschlecht. Auch Männer sind abhängig. Meine Patienten klagen oft, ihre Beziehungen seien schlecht (oder sie hätten gar keine). Ich habe genug Junggesellen beraten, um zu wissen, daß der sorglose Playboy fast nur im Märchen existiert. Natürlich gibt es Playboys, aber ich habe selten einen getroffen, der ganz frei war von denselben Sorgen, die alleinstehende Frauen heimsuchen.

Diese sogenannten »vielbegehrten Männer« eilen von der Arbeit nach Hause und hängen sich sofort ans Telefon, um sich mit jemand zu verabreden. Sie wollen um Gotteswillen keinen Abend allein verbringen! Und ich habe viele Witwer behandelt, die eifrig bestrebt waren, wieder zu heiraten, um das unerträgliche Loch in ihrem Leben zu stopfen.

Viele Frauen beneiden die Männer, weil sie glauben, Männer hätten ein schöneres Leben. Sie denken, Männer hätten weniger Schwierigkeiten, Partylöwen zu sein. Frauen, die so denken, übersehen jedoch, daß Männer oft nicht deswegen Partylöwen sind, weil sie damit ihre Lust zum Ausdruck bringen, sondern weil sie genauso ungern allein sind wie wir. Das »Partyleben« ist ein Ersatz; mit seiner Hilfe kann man der Leere entfliehen – zumindest vorübergehend oder zeitweise.

Frauen und Männer sind nicht so verschieden, wie man uns allen beigebracht hat – und diese Erkenntnis trägt dazu bei, den ganzen Abhängigkeitskomplex über den Haufen zu werfen, wie der Leser in den folgenden Kapiteln sehen wird.

Ich wende mich in diesem Buch jedoch an die Frauen – und zwar aus mehreren Gründen. Erstens gibt es, auch wenn Männer und Frauen sich in gleichem Maß auf das andere Geschlecht stützen, um seelischen Rückhalt zu finden, Unterschiede in Art und Ausmaß der Abhängigkeit. Die Bedürfnisse der Frauen sickern leicht in *alle* Bereiche ihres Lebens ein. Die Männer werden schließlich darauf programmiert (wie immer schon), sich selbst erhalten zu müssen – und gewöhnlich auch eine Familie. Sie sind mehr auf den Beruf ausgerichtet als Frauen. Die Arbeit ist für den Mann eine Quelle des Stolzes, der Selbstachtung und eine Möglichkeit des Rückzugs.

Obwohl sich die Frauen in der Arbeitswelt viel Terrain erobert haben, finden sie ihre Zuflucht immer noch mehr in Heim und Familie, im »Mann ihres Lebens«, und beziehen daraus ihre

Selbstachtung und ihren Stolz. Ein männlicher Politiker wird vielleicht eine Frau heiraten, die sein öffentliches Ansehen erhöht, er wird aber normalerweise seine Frau nicht brauchen, damit sie ihm politische oder sonstige Identität verleiht. Nur zu viele Frauen erwerben jedoch in den Augen der Öffentlichkeit (und in ihren eigenen) ihren Status durch den Ehemann. Sie sind angesehener, wenn sie einen Neurochirurgen heiraten, als wenn ihr Mann Taxifahrer ist. Wenn der Neurochirurg weltberühmt ist, ist das Ansehen noch größer. Die Männer greifen im allgemeinen nicht auf diese Möglichkeit zurück, eine Identität zu erwerben. Im Gegenteil, viele Männer finden es nicht wünschenswert, eine berühmte oder supererfolgreiche Frau zu haben, weil sie es als bedrohlich oder entwürdigend empfinden.

So sollten zwar die Männer lernen, unabhängiger von der Gefühlszuwendung zu werden, die sie von den Frauen bekommen, aber für die meisten Frauen ist es von entscheidender Bedeutung, ihre Abhängigkeit von den Männern zu verringern. Die Identität einer Frau, ihr wahres Selbst, ist für sie eine Frage von Leben oder Tod; es geht darum, ob sie ein erfülltes Leben hat oder geistig abstirbt. Der zweite Grund, warum ich dieses Buch speziell für Frauen schreibe, ist die Tatsache, daß die Frauen in ihrer Suche nach Selbsterkenntnis den Männern weit voraus sind. Weit mehr Frauen veranlassen Männer, zur psychologischen Beratung oder in Therapie zu gehen, als umgekehrt. »Selbsthilfe-Bücher« werden mehr von Frauen als von Männern gelesen; für sie werden auch mehr Bücher geschrieben. Es gibt »Frauen-Buchläden« – nicht »Männer-Buchläden«. Die Frauenzeitschriften sind zahlreicher als die Männerzeitschriften, und in ihnen ist mehr von Therapie die Rede. Und in den meisten Beziehungen zwischen Männern und Frauen setzt sich die Frau mehr für den gemeinsamen Seelenhaushalt ein. Die Frauen pflegen die Beziehung mehr; sie kümmern sich mehr darum, wie man eine Beziehung organisieren und aufrechterhalten kann. Sie versorgen, lenken, manipulieren, regulieren und informieren sich. Sie sind anpassungsfähiger als die Männer.

Die Frauen haben außerdem eine Bewegung hinter sich. Die

Frauenbewegung verzweigt sich in eine Vielzahl von Organisationen, die Frauen helfen sollen, anderen Frauen, den Frauen schlechthin, zu helfen, und zwar in politischer und psychologischer Hinsicht.

Wenn also die *Menschen* immer weniger von *»der Beziehung«* als Eckstein eines glücklichen Lebens abhängig werden, gehen die Frauen sicherlich voran.

Jetzt kommt der dritte und wichtigste Grund, weshalb ich in diesem Buch die Frauen anspreche: viel mehr Frauen als Männer leben schließlich allein. In New York lebt nach einer vor kurzem veröffentlichten Untersuchung der *New York Times* eine Million mehr Frauen als Männer im heiratsfähigen Alter. In den USA gab es nach der amtlichen Statistik von 1979 14,6 Millionen ältere Frauen (über 65) und 10 Millionen ältere Männer.

Ebenfalls in der *New York Times* schrieb Judy Klemesrud über die Mini-Konferenz des Weißen Hauses zur Lage der älteren Frauen: »Mehr als 50% der Frauen in den Vereinigten Staaten müssen damit rechnen, mit etwa 65 Jahren Witwe zu sein . . . Die Chancen, wieder zu heiraten, sind für ältere Frauen gering; nämlich 1:9 . . . Jede vierte Frau, die heute berufstätig ist, muß damit rechnen, im Alter mittellos zu sein . . . In privaten Gesprächen am Rande der Konferenz bezeichneten sich weibliche Delegierte in bezug auf ihren Status immer wieder als ›unsichtbar‹.«

Man kann unmöglich abschätzen, wie viele Frauen in Amerika zu irgendeiner Zeit ihres Lebens ohne Mann sein werden – aber es wäre sicher ein überraschend hoher Prozentsatz.

Frauen aller Altersstufen, alleinstehend oder verheiratet, sollten deshalb unbedingt begreifen, daß ein Leben ohne Mann nicht automatisch auch ein glanzloses Leben sein muß, daß sie nicht notwendigerweise einsam und unglücklich sein müssen. In dem Film *Possessed,* dem Klassischen Portrait einer Frau, die außer sich gerät, weil der Mann, den sie liebt, sie nicht wiederliebt, gibt es einen Augenblick, in dem Joan Crawford an Van Heflin (dem unglücklichen Objekt ihrer Leidenschaft) herumnörgelt. Er möchte arbeiten, sie will seine Aufmerksamkeit. Er schaut von seinen Papieren auf und sagt etwa folgendes: »Warum muß eine Frau genau in dem Augenblick, in dem er anfängt, sich für seine Arbeit zu interessieren, immer versuchen, seine Aufmerksamkeit auf sich zu ziehen?«

Das war in den vierziger Jahren. Kein Filmemacher würde es heute wagen, in seinem Film einen solchen Satz sprechen zu lassen – es sei denn, im Scherz. Es heißt, Frauen hätten heute dieses kleinmädchenhafte, gezielte Anklammerungsgetue überwunden. Die Frau von heute hat angeblich das »traditionelle weibliche Verhalten« abgelegt. Angeblich.

Im wirklichen Leben jedoch würden sich auch heute noch die meisten meiner Patientinnen sofort mit der armen Joan Crawford in *Possessed* identifizieren. Und jeder Mann, den ich kenne, würde auch heute noch verstehen, was Van Heflin gemeint hat.

Die Frauen haben tatsächlich – in sozialer, sexueller und in geringerem Maß in wirtschaftlicher Hinsicht – große Fortschritte gemacht. In Gefühlsdingen haben sie jedoch noch einen weiten Weg vor sich. Dieses Buch ist ein erster Schritt.

I Hoffnungslose Abhängigkeit: Eine Definition

Etwa 95% meiner Patientinnen glauben, ohne Mann seien sie nichts. Aber das sagen sie mir nicht gleich.

Gewöhnlich bekomme ich zunächst mal zu hören: »Warum fühle ich mich die meiste Zeit so leer?« Oder: »Ich hab doch 'n guten Job, 'ne Menge Hobbies und fabelhafte Freunde, warum bin ich so unzufrieden?« Oder sogar: »Jetzt, wo ich den Chefposten endlich bekommen habe, kommt mir mein Erfolg ganz schal vor. Ich bin doch eigentlich erfolgreich! Ich hab's geschafft! Aber ich fühl' mich trotzdem ... hohl, so, als wenn etwas fehlen würde.«

Am Ende gestehen meine Patientinnen auch, was ihnen fehlt. Sie sagen: »Wenn ich einen Mann an meiner Seite hätte, würde ich mich nicht mehr leer und unzufrieden fühlen.« Bei einer Frau, die einen Partner hat, heißt es: »Wenn er sich mehr mit mir abgeben würde, hätte ich nicht länger das Gefühl, daß mir etwas fehlt.«

Zu diesem Thema gibt es natürlich viele Variationen. Aber es wird wohl deutlich, was ich meine. Problem: Leerlauf. Lösung: Echte Liebe und moderne Romantik.

Eine Patientin, die ich Molly nennen will, erklärte mir in der ersten Sitzung, wenn es in ihrem Leben jetzt (sie hatte sich gerade scheiden lassen) einen großartigen Mann gäbe, hätte sie überhaupt nicht das Bedürfnis, in Therapie zu gehen. Molly ist eine hervorragende junge Schauspielerin, die schon in mehreren Fernsehfilmen mitgewirkt hat; als sie mit der Therapie anfing, hatte sie gerade für eine Nebenrolle in einem Broadway-Stück begeisterte Kritiken geerntet.

Aber Molly war unglücklich, weil sie außerhalb des Theaters keinen »ersten Liebhaber« hatte. Ich fragte sie, was ich alle

Frauen frage, die meinen, ein Mann sei der Schlüssel zum Glück, die Medizin für ihr Leiden: »Was wäre, wenn Sie Ihr ganzes Leben ohne Mann zubringen müßten?« Und Molly gab die typische Antwort: »Ich könnte es nicht. Es ist unvorstellbar. Ich wäre einfach die ganze Zeit deprimiert – denn ich brauche Liebe. Ich brauche jemanden, mit dem ich reden kann, jemanden, der mir gehört, der sich nur um mich kümmert und keine andere anschaut. Ich glaube, das ist das allerwichtigste im Leben, nicht nur für mich, sondern für alle Frauen, die ich kenne. Ich nehme an, es wäre nicht das Ende, wenn ich nie wieder heiraten würde oder nie mehr eine ernsthafte Liebesgeschichte hätte, aber das Leben würde mir keinen großen Spaß machen. Zur Zeit macht es mir auch keinen Spaß.«

Auf weitere Fragen hin gab Molly zu, daß sie in *mancher* Beziehung durchaus Spaß am Leben hatte. Aber sie konnte das Gefühl nicht loswerden, irgendwie unvollständig zu sein – wie ein Puzzle, bei dem ein Stück fehlt. Sie erklärte, der Grund, warum sie nicht jeden Tag 24 Stunden lang ganz und gar unglücklich sei, liege darin, daß sie Hoffnung habe. Sie sah ihr Alleinsein als rein vorübergehenden Zustand an. »Ich werde jemanden kennenlernen«, sagte sie, »und dann wird wieder alles in Ordnung sein.«

Anders ausgedrückt, gibt mir Molly zu verstehen, tief im Innersten sei sie überzeugt, ohne Mann sei sie nichts.

Brenda bekannte sich zu demselben Gefühl – auf ebenso vielen Umwegen. Die Architektin Brenda hat jedoch einen Mann in ihrem Leben – nämlich Josh. Brenda brauchte mir gar nicht zu erzählen, wie erfolgreich sie sei; ich hatte in einer Zeitschrift einen Artikel über sie gelesen. Aber die Brenda, die in meiner Praxis erschien, war nicht die selbstbewußte Intellektuelle, die man in dem Artikel vorgestellt hatte.

»Ich weiß nicht, was seit meiner Hochzeit mit mir passiert ist«, sagte Brenda. »Ich hab' Aufträge am anderen Ende der Welt angenommen, ohne mir was dabei zu denken. Jetzt versuche ich, mich aus solchen Projekten herauszuhalten. Ich möchte nur noch hier arbeiten. Ich bin einfach nicht glücklich, wenn ich nicht mit

Josh zusammen bin. Wenn er nicht zu einer Party mitgehen kann, und ich allein gehe, macht es mir keinen Spaß. Also bleibe ich lieber zu Hause. Wir haben gerade ein neues Auto bekommen, einen Sportwagen, und ich kann mit der Knüppelschaltung nicht umgehen – infolgedessen laß' ich immer Josh fahren. Und das schlimmste ist, daß ich nicht einmal ein Auto haben will, das ich fahren könnte, obwohl wir uns einen Zweitwagen leisten könnten. Ich *mag mich gern* fahren lassen. Ich mag es, aber gleichzeitig hab' ich was dagegen ... gegen dieses *Symbol* meiner selbstgemachten Sklaverei.«

Brendas Dilemma zeigt, daß man nicht allein leben muß, um sich einzubilden, ohne Mann nichts zu sein. Man muß weder geschieden noch verwitwet oder unverheiratet sein. Man kann mit einem Mann zusammenleben oder verheiratet sein und doch meinen, ohne diesen Mann wäre man einsam, hätte weniger Möglichkeit zu sozialen Kontakten, wäre gefühlsmäßig und sexuell auf dem Trockenen.

Ich habe zahlreiche verheiratete Frauen beraten, die keinerlei Eigenleben hatten, weil ihre Hoffnungen, Träume, Pläne und ihr ganzer Alltag so engmaschig mit ihren Männern verknüpft waren. Die Vorstellung, ohne Mann nichts zu sein, ist ein Problem der Frauen, ganz gleich, ob sie nun verheiratet sind oder nicht – unabhängig auch von Alter, Nationalität, Einkommen, Erziehung, beruflicher Position, Religionszugehörigkeit und Aussehen.

Das enorme Bedürfnis nach einem männlichen Partner kommt wahrscheinlich einem gemeinsamen Nenner der Frauen am nächsten. Eine meiner Patientinnen sagte einmal: »Du sitzt so und so in der Tinte. Haste 'n Mann, meinste, du kannst nicht ohne ihn leben; haste kein', meinste, das Leben geht erst los, wenn 'de ein' hast. Wir sind alle im selben Boot.«

Jede von uns kann aussteigen. Aber bevor wir über Lösungen reden, müssen wir das Problem etwas besser verstehen lernen. Wenn ich sage, die Vorstellung, »ohne Mann bist du nichts«, sei ein Problem, soll das nicht heißen, daß Abhängigkeit von einem anderen Menschen, der zufällig ein Mann ist, *an sich* negativ ist.

Ich meine auch nicht, daß das Alleinleben ein Idealzustand ist – obwohl es Frauen gibt, die lieber allein leben, als sich mit einem x-beliebigen Mann abzufinden. Und das ist auch gut so.

Aber der Mensch braucht Gefährten. Seine Abhängigkeit ist angeboren. John Donne schreibt: »Niemand ist eine Insel, in sich vollständig«. Das trifft natürlich auch auf die Frauen zu. Es ist ein Segen für eine Frau und einen Mann, wenn sie miteinander leben, Gedanken und Erfahrungen austauschen, einander körperlich und mit Worten ihre Liebe zeigen – und, jawohl, in vieler Hinsicht voneinander abhängen. Das ist ganz natürlich, erstrebenswert, befriedigend, einfach wundervoll. Es ist jedoch nicht das einzige Rezept fürs Glück im Leben des Menschen.

Es bedeutet auch nicht notwendigerweise, daß die Partnerin bei dieser erfolgreichen Zusammenarbeit glaubt, ohne Mann sei sie nichts.

Wechselseitige Abhängigkeit in ihren verschiedenen Formen ist ein wichtiger und höchst angenehmer Aspekt der Dynamik des normalen menschlichen Lebens. *Übermäßige* Abhängigkeit, besonders von *einem* Mann, ist etwas ganz anderes.

»Hoffnungslose Abhängigkeit« ist meine Bezeichnung für jenes »Ohne-Mann-bin-ich-leer-Gefühl«, jenes Anklammerungsverhalten so vieler meiner Patientinnen; es durchdringt alle Lebensäußerungen und hindert einen daran, ein erfülltes Leben zu führen. Hoffnungslose Abhängigkeit klingt vielleicht melodramatisch. Aber in diesem Ausdruck schwingt nicht immer die psychische Verfassung einer Frau mit, der das Wasser bis zum Hals steht, und die sich flehentlich danach sehnt, daß jemand – ein Mann – kommt und sie rettet.

Der Ausdruck »hoffnungslose Abhängigkeit« trifft auch auf jede Frau zu, bei der der Mann – oder die Abwesenheit des Mannes – im Brennpunkt des Geschehens steht, eine Frau, die sich Wind und Wellen preisgegeben fühlt oder rastlos Ausschau hält, die meint, ohne Partner sei sie in den Augen der anderen unnormal, und die sich antriebslos und nutzlos fühlt, wenn »ihr« Mann auswärts, bei der Arbeit oder eben nicht unmittelbar bei ihr ist.

Es gibt verschiedene Grade von hoffnungsloser Abhängigkeit,

aber die Folgen sind immer dieselben: Indem die Frau es zuläßt, daß ihre Verbindung zum Mann alle anderen Quellen der Freude, der Erfüllung, der Unterhaltung und Belohnung in ihrem Leben verdrängt, macht sie sich zum ewigen Dornröschen, das auf IHN wartet, damit er sie aus ihrer Einsamkeit, Verwirrung, Leere und Langeweile errette.

Die hoffnungslos abhängige Frau kreist um einen Menschen außerhalb ihrer selbst, einen Mann, der sie liebt – oder sehnt sich zumindest danach. Beim »Romeo-und-Julia-Muster«, dem sich so viele meiner Patientinnen verschrieben haben, muß der Mann ebenso um die Frau kreisen. Das heißt, auch er muß hoffnungslos abhängig sein. Molly gebrauchte eine sehr aufschlußreiche Wendung, als sie beschrieb, was die ständige Anwesenheit eines Mannes in ihrem Leben für sie bedeutete: Sie »will jemanden, der mir gehört, der sich nur um mich kümmert und keine andere anschaut«.

Sie will, daß er vollkommen in ihr aufgeht. Sie will, daß er sich nach ihr verzehrt. Molly steht weitgehend im Bann des »Romeo-und-Julia-Musters« – sie würde aber nicht so weit gehen, von ihrem Geliebten zu erwarten, er solle sich über ihrem Leichnam entleiben (sollte sie vor ihm verscheiden). Sie würde auch nicht ihrem Geliebten ins Grab folgen.

Nur wenige Frauen nehmen Romeo und Julia *so* buchstäblich ernst. Dennoch kann das Romeo-und-Julia-Ideal – wie es in unseren Eheversprechen zum Ausdruck kommt und in unseren Vorstellungen hochgehalten wird – das Unbewußte einer Frau so stark durchdringen, daß sie und ihr Ehemann »einander die Welt sind«. Sie gehen und sitzen stets Hand in Hand. Sie geben damit an, daß sie in den 'zig Jahren ihrer Ehe nie auch nur fünf Minuten voneinander getrennt waren.

»Wie schön«, sagte Molly, als ich ihr eine solche Beziehung beschrieb. »Wie ideal!«

Aber in ihrer Bewunderung für ein solches Paar bedachte Molly nicht, was passieren könnte, wenn einer der beiden stürbe und der andere buchstäblich allein nicht überleben könnte, da er oder sie nicht gelernt hätte, auf eigenen Füßen zu stehen.

Diese Unfähigkeit, allein weiterzuleben, zeigt sich selten so dramatisch wie in der Schlußszene von Romeo und Julia – aber ich habe schon erlebt, daß Witwen und Witwer buchstäblich dahinwelkten. Ich habe das an meiner eigenen Mutter beobachtet. Als mein Vater gestorben war, sagte sie: »Ich kann nicht ohne ihn leben«. Und prompt starb sie bald darauf an Leukämie; ich habe oft darüber nachgedacht, ob ihre Krankheit nicht auf psychosomatischer Grundlage entstanden war.
Und immer wieder sind Patienten von mir, nach dem Tod oder der Trennung vom Partner, zu dem sie in einem hoffnungslosen Abhängigkeitsverhältnis standen, freudlos, wehleidig, antriebslos, ja selbstzerstörerisch geworden – das entspricht in meinen Augen einem Selbstmord bei lebendigem Leibe. Der Überlebende tötet alles um sich und in sich ab, außer seiner physischen Existenz. Die Geschichte von Romeo und Julia ist zwar romantisch, aber es empfiehlt sich nicht, sie zum Vorbild für das eigene Leben zu nehmen, mag es auch unabsichtlich oder oberflächlich geschehen.
Ich möchte in diesem Buch all jene, die dem »Romeo-und-Julia-Zauber« verfallen sind, ermutigen, an die Stelle dieses romantischen Ideals, das gar nicht so ideal ist, eine gesunde, lebenszugewandte Realität zu setzen. Es ist besser, nicht mehr um einen Mann als Zentrum der eigenen Sicherheit zu kreisen; statt dessen sollte man lernen, um das Zentrum der Sicherheit zu kreisen, das man in sich selbst aufbaut. Eine Frau muß lernen, daß sie keinen Mann an ihrer Seite braucht, um sich ihrer Schönheit bewußt zu sein, sich als wertvoll, liebenswürdig, klug, selbstbewußt, fröhlich und ganz vollständig zu fühlen.
Ich möchte, daß Sie sich dieses Zentrum der eigenen inneren Sicherheit so vorstellen, wie ich es auffasse: Es ist, als hätte man eine zweite Wirbelsäule. Dieses feste Rückgrat des Selbstvertrauens ist ein Teil Ihrer selbst; Sie haben es immer bei sich, wohin Sie auch gehen. Und mit diesem inneren Rückhalt sind Sie nicht darauf angewiesen, bei jemand anderem Geborgenheit und Grund zur Selbstachtung zu suchen. Wenn Sie dieses zweite Rückgrat haben, sind Sie dadurch keineswegs von dem Mann

Ihres Lebens isoliert. Es macht Sie für Männer nicht weniger begehrenswert, – im Gegenteil. Es gibt Ihnen außerdem die Möglichkeit, das Zusammensein mit einem Mann auf vielfältigere Weise zu genießen, als wenn Sie hoffnungslos abhängig von ihm wären.

Es ist ein realistisches Ziel, zu lernen, um das eigene Zentrum der inneren Sicherheit zu kreisen. Im Gegensatz zu den verschiedenen Varianten des romantischen Ideals ist dieses Ziel für jede Frau erreichbar.

Es ist mir natürlich klar, daß uns unsere Umwelt ständig vorsagt, wie sehr wir einen Mann brauchen. Es heißt, wenn wir uns kein Liebesnest bauen, nicht mit einem Mann einen Haushalt gründen, lebten wir nicht unserer wahren Bestimmung gemäß. Und das Gefühl, »ohne einen Mann an meiner Seite bin ich nicht vollständig«, ist eine Reaktion auf zahllose kulturelle Hinweise (die wir im zweiten Kapitel untersuchen wollen). Die Gesellschaft programmiert die Frauen darauf, nachgiebig zu sein und sich stets bereitwillig nach den Wünschen und Interessen der Männer zu richten.

Viele Menschen, sowohl Männer als auch Frauen, sehen in dieser Nachgiebigkeit, dieser Anpassungsbereitschaft die normalen Lebensbedingungen der Frauen. Aber sie sind viel mehr die Norm, nach der Frauen sich richten sollen. In diesem Fall ist es keineswegs aufbauend, die Norm zu leben, denn Nachgiebigkeit kann zur Selbstauslöschung führen. Wenn eine Frau zu anpassungsbereit, zu fügsam ist, gibt sie einen großen Teil ihrer selbst, ihr Recht auf Selbstbestimmung, auf.

Eine Frau deren Verhalten zeigt, daß sie verzweifelt auf der Suche nach einem Mann ist – auch wenn sie sich selber sagt: »Ich bin *nicht* verzweifelt« –, verzichtet in vieler Hinsicht auf das Recht, sie selbst zu sein.

Aber sie hat vielerlei Möglichkeiten, dieses Recht zurückzugewinnen. Ich bin fest überzeugt, daß fast jede Frau sich von der Konditionierung durch ihre Kultur befreien und selbständig werden kann.

Beachten Sie bitte, daß ich nicht »unabhängig« gesagt habe.

Unabhängigkeit ist für mich einfach eine Art, sich zu verhalten. Ich habe unzählige Frauen gekannt, die unabhängig handeln und reden – und doch waren sie gefühlsmäßig noch auf Männer fixiert.
Ich ziehe es also vor, den Begriff Selbständigkeit zu verwenden, wenn ich davon rede, worum es in diesem Buch geht: um die Auflösung der Fixierung auf Männer, um die Befreiung im Gefühlsbereich, die auf anderen Gebieten schon stattgefunden hat.
Ich habe bei einer ganzen Reihe meiner Patientinnen miterlebt, wie sie selbständig geworden sind. Und es ist auch mir gelungen. Ich teile mit meinem Mann ein Leben der Zusammenarbeit und der gemeinsamen Freuden auf jeder Ebene, die man sich vorstellen kann. Aber jeder von uns ist selbständig, jeder ist sehr mit seiner beruflichen Arbeit beschäftigt; oft gehen wir allein unseren individuellen Interessen nach und sind zufrieden dabei, selbst wenn wir deswegen lange getrennt sind. Wenn ich meinen Patientinnen gegenüber von meiner Selbständigkeit in unserer Ehe spreche, äußern sie häufig Zweifel: »Wollen Sie damit sagen, daß Ihre Bindung an Ihren Mann, Ihre Liebe zu ihm, nicht den Vorrang vor anderen Bereichen Ihres Lebens hat? Sagen wir mal, er kommt später nach Hause als gewöhnlich. Wollen Sie wirklich behaupten, Sie täten niemals lauter belanglose Dinge, bis er da ist, und schlügen damit die Zeit tot, während Sie hundert wichtige Sachen zu erledigen hätten, weil Sie ein unsicheres Gefühl haben, nicht unbedingt, weil Sie glauben, daß er vielleicht fremdgeht, sondern einfach, weil *er nicht da ist*?«
Tatsächlich habe ich solche Gefühle nicht mehr; ich habe sie früher aber durchaus gekannt. Ich habe mich, wenn auch zurückblickend, sehr gut in den Teil des Tagebuchs einer Freundin hineinversetzen können, in dem sie das beschreibt, was sie »das Mädchen am Fenster« nennt.
Eines Abends, als sie wie gewöhnlich auf ihrem Fensterbrett saß und auf ihren wieder einmal verspäteten Geliebten wartete, beschloß sie aufzuschreiben, was ihr durch den Kopf ging:

Ich sitz' hier nur noch solang', wie die Werbung im Fernsehen hinter meinem Rücken läuft. Solang' kann ich gut und gern am Fenster sitzen. Noch'n paar heiße Sprüche für Lenny's Clam Bar in Queens. Jetzt wart' ich noch das nächste Taxi ab, das vor dem Haus hält, dann geh' ich aber ins Bett. Oder ich lese. Oder sonst was.

Ich könnte mich ja, während ich hier am Fenster sitze, an nette Erlebnisse aus meiner Kindheit oder von heute vormittag erinnern. Oder ich könnte arbeiten. Aber diese Angelegenheit, dieses Wartespiel, ist mir zu heilig, um es mit ablenkenden Gedanken oder vernünftigen Dingen zu verderben. Ich will von meinem Ast nicht runter. Mir gefällt's auf meinem einsamen Posten.

Aha . . . ein Taxi hält da unten. Das muß er sein. Wer könnte es sonst sein um diese Zeit? Ach, es ist die dicke französische Näherin aus dem 13. Stock und ihr fetter Pudel. Die beiden hinken im gleichen Takt: Wum-dada, wum-dada! Das ist aber nun wirklich der letzte Schwung Taxis, den ich abwarte. Das ist wirklich das allerletzte Mal, daß ich mich auf dieses blödsinnige Wartespiel einlasse. Morgen bin ich normal.

Oder ist das vielleicht normal? Vielleicht ist es ja für mich normal geworden. Jeder hat seine eigene Normalität. Für einen Fixer ist der Schuß in den Arm normal. Manche Leute haben normalerweise Untertemperatur. Es gibt welche, die sich gesalzene Erdnüsse ins Cola tun und das herrlich finden, und normal. Vielleicht ist für mich Dummheit normal. Denn wenn man's richtig anschaut, hängen sich kluge Leute bei minus sieben Grad nicht im vierzehnten Stock aus dem Fenster. Kluge Leute sagen: »Scheiß' drauf«, und gehen ins Bett.

Wieder ein Schwung Autos. *Wo bleibt er bloß?*

Ich habe zu meiner Zeit auch »das Mädchen am Fenster« gespielt. Und ich habe mir dieselbe rastlos tätige Untätigkeit geleistet, die für viele Frauen eine beliebte Form der häuslichen Beschäftigung ist. Ich kenne die entsprechenden unproduktiven, ja, sogar destruktiven Unternehmungen recht gut; sie sind, wie das oben beschriebene Phänomen, Hauptsymptome der Vorstellung, ohne Mann nichts zu sein:

1. *Absichtliche Schauspielerei:* Sie vergeuden vielleicht gerne den ganzen Abend als »Mädchen am Fenster«, aber mindestens einen Teil der Zeit verbringen Sie damit, sich für die »Heimkehr des Helden« in Szene zu setzen, so daß er gar nicht auf die Idee kommt, sie hätten nach ihm Ausschau gehalten.
Am Fenster zu sitzen erfüllt deshalb *einen* guten Zweck: Sie sehen ihn kommen. Das gibt Ihnen Zeit, sich eilends in Positur zu setzen, ehe er zur Tür hereinkommt. Er findet Sie also:

- im duftenden Schaumbad
- bei der eifrigen Nagelpflege
- schlafend, das Buch ist Ihnen heruntergefallen
- ins Telefon kichernd, während Sie dem Freizeichen sagen: »Oh, da ist er, ich muß aufhören!«
- hinter verschlossener Tür im Bad, wo sie sich die Nagelhaut entfernen oder die Wand anstarren. Für ihn sieht es so aus, als hätten Sie da drinnen etwas ganz Wichtiges zu tun, wie z. B. sich schön zu machen – für ihn.

2. *Rachepläne schmieden:* Sie verbringen dabei im typischen Fall den ganzen Abend damit, daß Sie sich ein Ultimatum nach dem anderen ausdenken.
Sie lesen z. B. ein Buch; anstatt sich aber auf den Text zu konzentrieren, schwören Sie sich: »Wenn er vor Seite dreißig nicht hier ist, schlaf' ich heute bei Mary! Und ich laß' nicht einmal eine Nachricht zurück! Soll er sich doch zur Abwechslung mal Gedanken machen, wo *ich* bin!«
Eine andere beliebte Form der Rache besteht darin, den Telefonhörer abzunehmen oder gar nicht erst ans Telefon zu gehen. Sollte er wirklich anrufen, dann muß ihm klarwerden, daß Sie ganz andere Sorgen haben, als sich darum zu kümmern, ob er anruft oder überhaupt nach Hause kommt. Sollte er mehrmals anrufen, wird er vielleicht anfangen, sich wirklich um *Sie* Sorgen zu machen – geschieht ihm recht!

3. *Wein und Gesang:* Jeder hat sein musikalisches Endlosband im Kopf, die Melodien, die Erinnerungen in ihm wachrufen, die Musik, die ihn zu Tränen rührt. Ein bißchen Wein erleichtert das Ganze. Sie können Ihre ängstlichen Erwartungen bis zur Neige auskosten, wenn Sie sich Ihre Melodien vorspielen und bis spät in die Nacht hinein trinken.

An all diesem rastlosen Untätigsein fasziniert mich, daß es den Frauen auch noch Spaß macht. Ich weiß, daß es bei mir so war. Und meine Freundin am Fenster gestand freimütig: »Mir gefällt's auf meinem einsamen Posten.« Ihr Bericht klingt, als stünde sie neben sich selbst und sähe sich leiden. Und es ist ja so romantisch, zu schmachten, die Zeit zu vertun, Rachepläne zu schmieden oder neue Szenen zu stellen. Man braucht nur einen Fächer und einen Frisiermantel mit Schwanenflaum. Dieses ganze romantische Geleide im Namen der Liebe, dieses sorgfältig inszenierte, selbstauferlegte Drama, das sich um das Warten auf *seine* Heimkehr dreht, ist eine Form der Selbstverhätschelung.
Nur sein Erscheinen, der Augenblick, auf den Sie warten, gibt Ihnen die Möglichkeit, sich wertvoll, begeistert, zielstrebig, geschätzt, wieder lebendig zu fühlen.
Wenn er dann da ist, drückt sich die hoffnungslose Abhängigkeit oft auf andere Weise aus. Manchmal ist seine bloße Gegenwart nicht genug. Sie fühlen sich immer noch nicht wertvoll, begeistert, zielstrebig, geschätzt, wieder lebendig. Also legen Sie vielleicht ein Verhalten an den Tag, das ihn dazu bringen soll, Ihr abgesacktes Selbstwertgefühl wieder aufzubauen.

1. *Das Frage-und-Antwort-Spiel* ist der direkte Weg, sich Beruhigung zu verschaffen. Die Fragen sind mehr oder weniger immer die gleichen.
»Liebst Du mich?«
»Liebst Du mich noch?«
»Liebst Du mich immer noch so wie am Anfang?«
»Was würdest Du bei einem Brand zuerst in Sicherheit bringen, mich oder Deine Akten?«

»Kannst Du mir genau sagen, warum Du mich liebst?«
»Würdest Du mich immer noch lieben, wenn ich alt und häßlich wäre?«
»Würdest Du mich immer noch lieben, wenn ich durch einen Autounfall entstellt würde?«
»Findest Du mich immer noch so aufregend wie damals, als wir uns kennengelernt haben?«
»Findest Du mich aufregender als sie?« (Damit ist seine Ex-Frau oder Ex-Freundin gemeint.)
»Bin ich hübsch?«
»Bist Du mit meinem Aussehen zufrieden?«
»Findest Du, ich bin zu dick?«
»Sehe ich ebensogut aus wie *sie*?« (Damit ist seine Ex-Frau, seine Ex-Freundin oder irgendeine andere Frau gemeint.)
»Bin ich gut im Bett?«
»Bin ich besser im Bett als jede Frau, die Du gekannt hast?«
»Schmeckt Dir das Lammkotelett?« (oder das, womit Sie ihm eine besondere Freude machen wollten.)
»Würdest Du mich immer noch lieben, wenn ich arbeiten ginge/aufhörte zu arbeiten?«
»Meinst Du, daß sich auf der ganzen Welt schon mal zwei Leute so geliebt haben wie wir?«
»Wenn ich sterben oder Dich verlassen würde, was würdest Du tun?« (Erhoffte Antwort: »Ich würde mich hinlegen und sterben«.)

2. *Das Köder-Spiel:* Sie sagen ihm, Sie lieben nur ihn allein, damit er sagt: »Ich liebe Dich auch«.

3. *Das Komplimentemachen:* Sie bauen dabei sein Ich auf, damit er Ihre Anwesenheit in seinem Leben noch mehr schätzt. Sie überschütten ihn mit Komplimenten, die gewöhnlich fürchterlich übertrieben sind:
»Du siehst am besten aus von allen Männern, die ich kenne!«
»Neben Dir ist Robert Redford 'ne richtige Niete!«
»Dein Körper erinnert mich an den *David* von Michelangelo.«

Sie hoffen natürlich, nicht nur dadurch belohnt zu werden, daß er Sie wieder mehr schätzt, sondern auch durch ähnliche Komplimente von seiner Seite.

4. *Mea Culpa:* Durch Selbstkritik können Sie auf subtilere Weise als durch direkte Fragen eine beruhigende Reaktion hervorrufen. Wenn Sie sich tatsächliche (oder vorgebliche) »Fehler« ankreiden, wollen Sie damit ein liebevolles »Du bist wohl verrückt!?« des Partners hervorlocken, das möglichst auch noch von einem zärtlichen Blick oder von Gesten begleitet sein soll, die bedeuten: »Kleine Fische! Das ändert doch nichts an meiner Liebe!« Sie sagen zum Beispiel:
»Ach du liebe Güte! Ich hab' da 'ne Falte an meinem Mund entdeckt – nur an einer Seite, aber. . .«
»Wenn ich mich beim Bridge bloß nicht so ungeschickt anstellen würde. Ich verderbe Dir ja das ganze Spiel.«

5. *Die Inquisition:* »Warum hast Du nicht angerufen, wenn Du wußtest, daß Du drei Stunden später kommen würdest?«
»Wer war sonst noch bei der Konferenz?«
»Wenn es eine *geschäftliche* Besprechung war, im *Büro*, wie kommt es dann, daß Du kein Telefon zur Verfügung hattest?«

6. *Hypochondrie aus Berechnung:* Sie haben eine eiserne Gesundheit. Aber Sie werden vielleicht eine Krankheit vortäuschen, um seine Aufmerksamkeit auf sich zu lenken oder damit er Schuldgefühle bekommt, weil er zu spät nach Hause gekommen ist, nicht angerufen hat, schon drei Tage lang nicht »Ich liebe Dich« gesagt hat usw.
Kommen Ihnen diese gestellten Szenen bekannt vor?
Er kommt zu spät nach Hause und sieht Sie auf der Couch liegen. Sie schauen mit halb geschlossenen Augen zu ihm auf. Sie krächzen: »Ich weiß nicht, was mit mir los ist. Ich bin vorhin fast ohnmächtig geworden – und mir ist immer noch schlecht. Aber jetzt, wo Du hier bist, geht's mir schon besser. . .«
Er ruft aus dem Büro an, um zu sagen, daß er später kommt. »Na

ja, is' schon gut«, sagen Sie, »ich ruf' meinen Bruder an. Er kann mich ins Krankenhaus bringen. Ach nichts. Nur ein bißchen Fieber – vierzig.«
Er ist in letzter Zeit nicht zärtlich genug gewesen. Sie flüstern, während er gerade einschläft: »Schatzilein, ich glaub', ich krieg' keine Luft mehr.« Er ist beunruhigt und will einen Arzt rufen. »Nein, nein«, flüstern Sie, »nimm mich einfach in den Arm.«

7. *Öffentlichkeitsarbeit:* Auf Partys weichen Sie ihm nicht von der Seite.
Sie stellen sich dümmer als Sie sind, damit er sich geistreicher vorkommt – vielleicht sogar geistreicher als er ist. Sie drängen ihn in der Öffentlichkeit, Ihre Hand zu halten, Sie auf seinem Schoß sitzen zu lassen, Sie zu umarmen usw. – selbst wenn er sich dabei unbehaglich fühlt. (»Er wird sich daran gewöhnen«, denken Sie. »Schließlich wird es ihm doch gefallen.«)
Sie bestehen darauf, daß er Ihre Zärtlichkeiten auch vor anderen Leuten erwidert – und drehen durch, wenn er es nicht automatisch tut.
Sie kriegen Krämpfe, wenn er eine andere zum Tanzen auffordert.
Sie wollen ihn unbedingt auf seinen Ausflügen mit Freunden oder Kollegen begleiten und langweilen sich dann tödlich dabei, sind aber bei *ihm*. Dabei könnten Sie Ihre Zeit viel sinnvoller damit zubringen, daß Sie ihre eigene Arbeit tun oder sich mit *Ihren* Freunden amüsieren.
Sie gehen mit ihm: in einen Film, den er sehen möchte, Sie aber nicht; zu einer Sportveranstaltung, die ihm gefällt, Ihnen aber nicht; oder in die Eisenwarenhandlung, wo er sich Werkzeug kaufen möchte.
Sie stehen herum, während er das Auto wäscht, die Lampe heilmacht oder ein Telefongespräch führt, das Sie nichts angeht.

Bedenken Sie, wieviel Energie diese totale Ausrichtung auf einen Mann verschlingt! Wie viele Stunden eine Frau damit verschwendet, wieviel Zeit, in der sie etwas Schöpferisches tun, etwas lernen oder etwas zustandebringen könnte! Viele Patientinnen beklagen sich, daß »der Tag nicht lang genug ist«. Sie sagen: »Ich habe nie Zeit für mich selbst« oder »Ich habe seit meinen College-Jahren kein gutes Buch mehr gelesen«. Kein Wunder! Wenn man so sehr damit beschäftigt ist, dem Mann nachzulaufen, kann man sich kaum noch seiner eigenen Karriere, seinen Hobbys widmen. Wenn sie unersättlich nach emotionaler Zuwendung gieren, können sie schwerlich Ihre intellektuelle oder kreative Weiterentwicklung im Auge behalten. Wenn Ihre hoffnungslose Abhängigkeit Sie so sehr an einen Mann bindet, daß Sie Ihre eigenen Fähigkeiten und Interessen nicht mehr wahrnehmen, können Sie kaum etwas aus sich machen.

Hoffnungslose Abhängigkeit verhindert tatsächlich Selbsterkenntnis und Selbstentfaltung; sie schlägt sich nämlich nicht nur in den einzelnen Symptomen nieder, die ich aufgezählt habe. Sie kann auch in Ihren ganzen Lebensstil einsickern; sie kann die Art Ihrer Beziehung zu einem Mann ebenso bestimmen wie Ihre Partnerwahl als solche.

Eine meiner ersten Patientinnen war so hoffnungslos abhängig von ihrem Mann, wie es schlimmer nicht hätte sein können. Sie war mit einem Querschnittgelähmten verheiratet, den sie hingebungsvoll pflegte. Sie war ständig um ihn herum und versorgte ihn von oben bis unten.

Im Lauf der Zeit blieb er immer länger zu Hause und konnte in mancher Hinsicht ohne Pflegerin nicht mehr auskommen. Seine Frau, meine Patientin, war berufstätig, um das nötige Geld zu verdienen. Sie rief mehrmals am Tag zu Hause an, um sich nach dem Zustand ihres Mannes zu erkundigen. Sie richtete ihr ganzes Leben danach aus, ihm zu dienen und für ihn zu sorgen. Eines Tages kam sie von der Arbeit nach Hause; ihr Mann war weg. Er hatte einen Zettel hinterlassen, auf dem stand, er habe sich in die Pflegerin verliebt und wolle sich so bald wie möglich scheiden lassen. Meine Patientin war am Boden zerstört.

Meinem Gefühl nach hatte sie sich bei ihrer »Krankenpflege« so an diesen Mann geklammert, daß er sie langweilig fand. Sie sagte mir auch wirklich, sie sei schockiert, daß er mit der Pflegerin weggelaufen sei, weil er ihr immer wieder gesagt habe, wie wütend sie ihn mache, wie sie ihn necke und ihm mit der Tablette nicht zugleich den Saft geben wolle. Aber letzten Endes fand er die etwas widerspenstige Pflegerin doch amüsanter als seine sklavisch hingebungsvolle Frau. Und die Frau war platt. Sie konnte sich nicht erklären, was schiefgegangen war. Da sie ihn (zumindest unbewußt) in dem Gefühl geheiratet hatte, »er kann nicht gehen, also wird er mir nie weglaufen«, fühlte sie sich in ihrer Ehe sicher. Sie liebte und bewunderte ihren Mann wirklich. Er hatte ein großes Wissen, sah gut aus und war geistreich. Sie fand es »toll«, daß sie ihn hatte – und so sagte sie es auch – daß sie ihn *hatte,* wie einen Besitz.

Ihre Sicherheit bezog sie jedoch aus der Tatsache, daß er behindert war.

Nach meiner beruflichen Erfahrung kann man sich auch einen Mann »kaufen«, um sich sicher zu fühlen. Mich überrascht immer wieder, wie viele reiche und erfolgreiche Frauen meinen, ihr Mann werde sie nie verlassen wollen, wenn sie ihn von dem Geld abhängig machen könnten, das sie geerbt haben oder verdienen.

Eine Frau kann natürlich auch aus Liebe ihren Mann ernähren; das ist dann die Umkehrung des herkömmlichen Arrangements, bei dem der Mann die Frau ernährt.

Wenn eine Frau den Lebensunterhalt für ihren Mann verdient, kann sich darin aber auch eine übermäßige Abhängigkeit ausdrücken. Manchmal beruht ein solches Verhalten nicht nur oder nicht so sehr auf Liebe, sondern auf der Angst, ihn zu verlieren. Manche meiner Patientinnen haben tief im Inneren das Gefühl, es sei unweiblich, der Ernährer für die Familie zu sein. Sie fühlen sich jedoch in ihrer Weiblichkeit nicht bedroht, wenn sie *ganz und gar* für den Unterhalt ihres Mannes aufkommen, denn sie glauben – zumindest unterschwellig – es sei höchst weiblich, dem Mann zu dienen, worauf der totale Unterhalt letzten Endes hinausläuft.

Ich denke dabei vor allem an eine Patientin, die ich Rosemary nennen will. Sie war Chefbuchhalterin bei einer größeren Werbeagentur und hatte einen sehr gut aussehenden Fernsehtechniker geheiratet, den ich Lloyd nennen will. Dieser, ein intelligenter Mann, den seine Unsicherheit hinderte, sich durchzusetzen und voranzukommen, schlüpfte leicht in die Rolle dessen, der Rosemary »inspirierte«, sich ins rechte Licht zu setzen, sich mehr einfallen zu lassen, mehr Geld zu verdienen. Unterdessen gab Lloyd seinen Job auf, um nur noch freiberuflich zu arbeiten. Die Folge war, daß er meistens nicht arbeitete. Rosemary legte ihm nahe, Drehbücher zu schreiben und sein Können auszubauen; sie würde für seine Karriere geradestehen. Einmal überraschte Rosemary Lloyd damit, daß sie ihm 100000 Dollar auf sein Bankkonto überwies. Prompt kleidete er sich von Kopf bis Fuß neu ein, und schließlich arbeitete er noch weniger als bisher.

Die Rationalisierung beider Partner lautete, ohne Lloyd hätte Rosemary niemals so viel Erfolg haben können, Lloyd inspiriere sie einfach. Lloyd hielt zu Hause die Stellung, betätigte sich als Hausmann und bestärkte dadurch Rosemary in ihrer Meinung, ihr Zusammenleben sei ideal.

Trotz ihrer beruflichen Leistungen war Rosemary nicht sehr selbstsicher und glaubte nicht daran, daß sie noch einmal einen Mann »an Land ziehen« könnte. Sie war der Ansicht, Männer hätten im allgemeinen etwas gegen sehr erfolgreiche Frauen. Schon vor langer Zeit hatte sie zunächst unbewußt, dann bewußt beschlossen, sie könne nur dann hoffen, die Sicherheit eines eigenen Heims und die Liebe eines Mannes zu gewinnen, wenn sie einen Mann fände, der sowohl finanziell als auch in anderer Hinsicht auf sie angewiesen wäre. Ihm müßte sie dann ein so komfortables Leben bieten, daß es ihm unmöglich wäre, sie zu verlassen.

Obwohl immer mehr Ehefrauen ihren finanziellen Beitrag zum gemeinsamen Haushalt leisten, ist die Tradition, daß der Mann die Frau ernährt, noch sehr lebendig.

Audrey zum Beispiel fühlte sich mit 45 Jahren gelangweilt, deprimiert, innerlich leer und als Versagerin – zumindest in bezug auf ihre Ehe, die nach ihrer Vorstellung glücklicher sein sollte. Erfolg wollte sie nur auf dem Gebiet der Ehe haben.

Audrey ist mit Joe verheiratet; er ist ein erfolgreicher Städteplaner. Audrey macht jede Menge Kurse und lernt malen. Sie gehört verschiedenen Clubs an, deren Zielsetzung zu sein scheint, Mittel für alle möglichen Zwecke aufzutreiben. Audrey war voller Sorgen; unter anderem, weil Joe immer mehr Zeit im Büro zubrachte. Seine Arbeit fraß ihn fast auf. Wenn er nach Hause kam, dann meistens zu spät; oft blieb er auch über Nacht im Büro.

Als Audrey das erste Mal zu mir kam, fragte ich sie, ob sie meine, Joe habe vielleicht ein Verhältnis, da sie gesagt hatte, er interessiere sich nicht mehr so für sie wie früher. Diese Situation jagte ihr großen Schrecken ein, denn sie hatte gelernt, es sei immer gut, häufig mit seinem Ehemann zu schlafen, damit er nicht anderweitig sexuelle Kontakte suche. Audrey versicherte mir, Joe habe bestimmt kein Verhältnis mit einer anderen. »Er ist ein guter Ehemann. Ich weiß, daß ihm viel an mir liegt. Seine Arbeit nimmt ihn einfach sehr in Anspruch.«

Audrey selbst arbeitete auch sehr viel. Sie hielt das Haus sauber und in Ordnung. Sie las jeden Tag die Zeitung und dachte sich interessante Themen aus, über die sie am Abendbrottisch reden wollte, wenn Joe denn einmal zu Hause aß. Sie ging jeden Tag in den Fitneß-Club, wo sie sich trimmte, die Sauna aufsuchte und tat, was sie konnte, um schlank und anmutig zu bleiben.

Die Vorstellung, Joe zu verlieren, war für Audrey ein Alptraum. Sie konnte diese Möglichkeit nicht ins Auge fassen. Sie hatte aber das Gefühl, ihr fiele nichts mehr ein, um ihn an sich zu fesseln. Sie war zu der Überzeugung gekommen, Joe sei ein Genie; er interessiere sich mehr für seine Arbeit als alles andere. Und sie wollte nur die unterstützende Frau hinter den Kulissen sein, seine Meinung haben, ihm schmeicheln, sich nie beklagen, immer lächeln und ihn beim Heimkommen schon mit seinem Martini in der Hand begrüßen.

Abgesehen von ihren Besuchen im Fitneß-Club brachte Audrey viel Zeit damit zu, ihre Nägel, ihr Haar und ihr Gesicht zu pflegen. Von Zeit zu Zeit hatte Joe Bemerkungen über attraktive junge Frauen gemacht. Sie glaubte, um sein Interesse an ihr wachzuhalten, müsse sie so jung wie möglich aussehen. Audrey begleitete ihren Mann gern zu Tagungen. Sie freute sich auf die Urlaubszeiten, die sie gewöhnlich mehrmals im Jahr zusammen verbrachten. Aber seit einiger Zeit hatte Joe versucht, sie davon abzubringen, mit ihm zu Tagungen zu gehen, denn: »Du hast dort nichts zu tun«, sagte er. »Du bist da sowieso die meiste Zeit allein, sitzt nur herum und wartest auf mich.« Audrey protestierte: »Aber ich warte doch gern auf dich! Ich will wirklich nicht zu Hause bleiben und mich nur nach dir sehnen.« Schließlich teilte Joe ihr mit, er wolle nur noch eine Pro-forma-Ehe führen. Er würde ihr soviel Geld geben, wie sie brauchte und für ihren Lebensunterhalt aufkommen. Er drängte sie, zu reisen, er würde jede Reise bezahlen, die sie machen wolle. Er sagte ihr klipp und klar, daß er sich mit zwei anderen Frauen eingelassen habe. Er finde sie faszinierend. Sie seien beide Städteplanerinnen. Er wolle mehr Zeit mit diesen Frauen verbringen und sie mit auf Reisen nehmen. Seine Beziehung zu Audrey sei für ihn zu Ende; er fühle sich nur noch verpflichtet, ihr den gewohnten Lebensstandard zu ermöglichen. Er wolle sich nicht unbedingt scheiden lassen, da er kein Bedürfnis verspüre, wieder zu heiraten. Wenn sie aber die Scheidung wolle, würde er einwilligen.

Für Audrey war das Leben vorbei. Ihr »ideales« Verhalten – immer für ihren Mann da zu sein, ihre Versuche, ihm selbst dann einen freundlichen Hafen für seine Heimkehr zu bereiten, wenn sie müde oder bedrückt war –, war mit restloser Ablehnung erwidert worden.

Audreys Situation ist gar nicht so ungewöhnlich; sie vereinigt nämlich in sich die Züge viele meiner Patientinnen. Sie steht für ein Syndrom, das viele Therapeuten als geradezu typisch für ihre Patientinnen ansehen. Audrey ist der Typ einer Frau, die ihr Leben völlig nach den Wünschen des Mannes ausrichtet, schließlich den Mann verliert und nicht mehr weiß, was sie mit ihrem Leben anfangen soll. Die Frau dieses Typs fühlt sich nach meiner Erfahrung gewöhnlich nicht als ganze Frau – oder jedenfalls nur eine Zeitlang. Als sich vom Mann abhängig machende Frau braucht man keine Nur-Hausfrau zu sein. Ich habe viele berufstätige Frauen kennengelernt, bei denen der Beruf nur ein Anhängsel ihres Lebens ist, das sich immer noch um den Mann dreht.

Anne zum Beispiel windet sich vor Schuldgefühlen, wenn sie nicht rechtzeitig von der Arbeit nach Hause kommt. Andererseits kann sie »gut verstehen«, wenn sich ihr Mann verspätet. Das ist für sie ein Vorrecht des Mannes.

Ihr Mann schätzt natürlich ihren Zusatzverdienst. Er nimmt es in Kauf, daß sie arbeiten geht – »solange das Essen auf dem Tisch steht, wenn ich nach Hause komme«.

Anne meint, eigentlich sollte sie gar nicht arbeiten gehen – und schon gar nicht Spaß daran haben. Sie war nicht so sehr deshalb berufstätig, weil sie unter einem sozialen Druck – »Hausfrau sein reicht nicht!« – stand, sondern vielmehr, weil das Geld nicht reichte. Sie und ihr Mann kamen mit seinem Verdienst nicht aus.

Aber es ist keine Frage, daß Anne ihren Job sofort aufgeben würde, um mit ihrem Mann umzuziehen, wenn er anderswo eine bessere Stellung finden würde. Sie würde es selbst dann tun, wenn sie an diesem neuen Ort keine Gelegenheit hätte, irgendeine ihrer beruflichen Fähigkeiten einzusetzen. In dem Gefühl, es sei ihre »Pflicht«, würde sie einer solchen Umstellung sofort zustimmen.

Die berufstätige, vom Mann abhängige Frau verbringt ebenso wie die Frau, die nur den Haushalt macht, unverhältnismäßig viel Zeit damit, sich für ihren Mann schön zu machen, das Haus tiptop in Ordnung zu halten und die Mahlzeiten zu planen. Und natürlich hat sie in erster Linie die Verantwortung für die Erziehung der Kinder.

Eigenartig ist nur, daß die Frau, selbst wenn der Mann seine Hilfe anbietet oder tatsächlich im Haushalt hilft, wie es bei Annes Mann der Fall war, keinen Zweifel daran läßt, daß der häusliche Bereich ihre »Arena« ist. Sie bekommt Schuldgefühle, wenn sie zu Hause im Tempo nachläßt. Wie viele Frauen leidet auch sie an dem Komplex, sie müsse eine Superfrau sein. Sie möchte das Ideal erreichen, das durch die *Enjoli*-Parfüm-Werbung berühmt geworden ist. In diesem Werbespot spaltet sich das bezaubernde Fotomodell tatsächlich in drei Einzelpersonen, während sie trällert: »Kochen, waschen, putzen – was ich nicht alles kann! Aber nie soll er vergessen: Er ist der Mann. Denn ich bin eine Frau-au, Frau-au, Frau-au ...« Eine andere Patientin, auch eine Möchtegern-Superfrau, steckt in einem aufschlußreichen inneren Interessenkonflikt, der mir bei Frauen häufig begegnet. Ihr Mann erwartet von ihr, daß sie all ihre fraulichen Pflichten erfüllt. Feministische Propaganda, die sie ihm aus Zeitschriften vorliest oder die in Gesprächen mit befreundeten Ehepaaren erwähnt wird, läßt ihn ungerührt.

Ellen sabotiert ihre eigenen Bemühungen, ihren Mann »umzuerziehen«, weil sie im Grunde überzeugt ist, daß ein Mann in der Küche eigentlich nichts zu suchen hat. Ihr Verstand sagt ihr aber, daß es nicht gerecht ist, wenn sie berufstätig ist und darüber hinaus die Hausarbeit macht, kocht, Gäste bewirtet, einkauft, dafür sorgt, daß der Familie die Zahnpasta und das Toilettenpapier nicht ausgeht, die Kleider in die Reinigung bringt usw. – während ihr Mann nur seinem Beruf nachgeht.

All die unzähligen Arbeiten, durch die Ellen die Lebensqualität der Familie aufrechterhält, und die sie jetzt als Plackerei ansieht, leistet sie, weil ihr Gefühl von ihr verlangt, dadurch das Wohlwollen ihres Mannes zu gewinnen. Sie steht also in der Küche, denkt sich zum Beispiel ein Essen aus, »was Männern so gut schmeckt« und wütet innerlich – haßt ihn, weil er ihr nicht hilft, haßt sich selbst, weil sie nicht von ihm verlangt, er solle ihr helfen, und zugleich ist ihr klar, daß sie eigentlich seine Hilfe gar nicht will. »Es tut mir so gut«, sagt sie, »wenn er sich zufrieden über das Essen äußert. Und ich koche ja auch wirklich gern – und er nicht. Es ist also ganz in Ordnung, wenn ich es mache.«

Zufällig kochen manche Frauen wirklich gern. Aber es stellt sich heraus, daß Ellen es nur genießt, erlesene Speisen für Gäste zu kochen, aber nicht die allabendliche Hausmannskost, die ihr Mann lieber ißt. Eigentlich kocht sie gar nicht so gern; sie ist nur auf den Glauben programmiert, sie koche gern. Und am besten gefällt ihr, daß ihr Mann ihre Küche schätzt.

Daran ist natürlich nichts auszusetzen – wenn die Beziehung stimmt und beide Partner zufrieden sind. Aber Ellen ist schrecklich hin- und hergerissen und ganz und gar nicht zufrieden.
Sie hat zu ihrer Berufstätigkeit etwa dieselbe Einstellung wie Anne. Sie sagt: »Es ist doch toll, daß ich von zu Hause wegkomme und mein eigenes Geld verdiene . . .« Aber in Wirklichkeit tut sie ihre Arbeit nur automatisch. Diese Frauen könnten beide beruflich weiterkommen, aber sie lassen es selber nicht zu.
Interessanterweise sind manche der durchsetzungsfähigsten, überehrgeizigen Karrierefrauen, die ich kenne, im beruflichen Alltag »knallhart« und zu Hause ganz das Gegenteil. Ihre Arbeitskollegen würden sie nicht wiedererkennen.
Ich habe schon mit ziemlich vielen »häuslichen Rankpflanzen«, wie ich sie nenne, Bekanntschaft gemacht. Diese Frauen sind bei der Arbeit hochkarätige Kraftmaschinen, aber Männern gegenüber absolut infantil. Lucy zum Beispiel leitet mehrere Supermärkte. Sie macht ihre Arbeit hervorragend und hat die Zügel fest in der Hand. Sie setzt die Lieferanten unter Druck, läßt mangelhafte Ware zurückgehen, besteht darauf, daß jeder Schaden sofort wiedergutgemacht wird. Unerbittlich achtet sie darauf, daß die Angestellten pünktlich sind, während der Arbeitszeit nicht rauchen und sich an alle Vorschriften halten.
Einmal hörte Lucy zwei Verkäuferinnen zu, die über sie redeten; die eine nannte sie »die Dampfwalze«. Das mißfiel Lucy keineswegs. Die Leute sollen ruhig wissen, daß sie mit eisener Hand regiert – bei der Arbeit. Nach Feierabend rast Lucy jedoch nach Hause, schlüpft in »irgendwas Bequemeres«, Jeans oder häufig auch ein verführerisches Hauskleid. Dann macht sie das Essen. Es dauert nicht lange, bis sie ihren Mann Ray mit großen blauen Augen anschaut, schmachtend ins Leere blickt und ihn bittet: »Mach mir doch diese Flasche auf, ich schaff's einfach nicht«. Ray leitet eine Baufirma. Früher hat er Football gespielt. Er betet seine Frau an. Ihre Zierlichkeit gibt ihm das Gefühl, noch größer zu sein als er sowieso schon ist (1.86 m). Er nennt Lucy sein »Püppchen«. Er hebt sie gern hoch, um sie zu küssen, so daß sie

einen halben Meter über dem Boden schwebt. Wenn Lucy mit Ray zusammen ist, wird sie wieder zum Baby. Sie krabbelt auf seinen Schoß und will gehätschelt werden. In allem fragt sie ihn um Rat. In ihren Supermärkten trifft sie den ganzen Tag wichtige Entscheidungen, aber zu Hause läßt sie Ray entscheiden, ob ein neues Auto gekauft werden soll oder wie ihre beiden kleinen Kinder zur Raison zu bringen sind.

Und Lucy weiß genau, wie gespalten sie ist. Dumm ist sie keineswegs. Sie lacht oft mit Ray darüber, was ihre Angestellten wohl denken würden, wenn sie sähen, wie sie sich zu Hause an ihn klammert. Lucy mag es, wenn Ray sich ihr gegenüber stark und diktatorisch gibt. Sie sagt, es gibt ihr Sicherheit.

Die Beziehung zwischen Lucy und Ray wird wahrscheinlich so lange dauern, wie es Ray gefällt, daß sie sich an ihn klammert, ihn verwöhnt, ihn vergöttert – und solange Lucy mit ihrer Rolle als Rays kleines Mädchen zufrieden ist.

Mittlerweile sollte klar sein, daß die Vorstellung, allgemeines Unbehagen ließe sich durch wahre Liebe und heutige Eheromantik heilen, trügerisch ist. Diese Vorstellung ist in Wahrheit selber ein Hauptgrund für jenes Unbehagen. Wenn man (frau) keinen Mann hat, geht man (frau) bei seinem Handeln (oder Nicht-Handeln) von der Voraussetzung aus, man (frau) werde all das sein und tun und haben, was man (frau) sich erträumt, wenn man (frau) erst einen hat. Man schiebt jede wirkliche Freude an der Arbeit, jede Lust am Spielen auf. Man trifft keine wesentlichen Entscheidungen – man legt sich z. B. nicht darauf fest, wo man auf Dauer leben möchte, man erwirbt keine Immobilien, man schlägt keine Wurzeln. Man macht ja alles von dem Mann abhängig, den man einmal haben wird. Er wird einem nicht nur helfen, die Nacht zu überstehen; er bestimmt auch den Tagesablauf und den Lebensstil der Frau.

Auch wenn Sie verheiratet sind oder mit jemandem zusammenleben, werden Sie wahrscheinlich Ihre abwartende Haltung nicht aufgeben. Ihre Lebensfreude hängt immer noch von der Anwesenheit eines Mannes ab. Der einzige Unterschied liegt darin, daß Sie jetzt wissen, wer dieser Mann ist. Ich finde es traurig, daß so viele Frauen einen so großen Teil ihres Lebens in Unmündigkeit verbringen – sie warten auf »den Richtigen«, warten darauf, daß er nach Hause kommt, warten darauf, daß er sie »er-gänzt« – anstatt sich zu erlauben, zu sein, wer sie sind, sich in ihrer Eigenart zu offenbaren, sich das Recht auf autonome Lebensfreude und Ganzheit zu geben.

Ich finde es traurig und unnötig – nicht, daß es so viele unverheiratete Frauen auf der Welt gibt, sondern daß so viele Frauen un*fertig* sind.

Wenn Sie sich als eine dieser Frauen sehen, und wenn sie ein *ganzer* Mensch werden wollen, steht Ihnen ein lustiges Abenteuer bevor.

Selbständig werden, um das eigene Zentrum der inneren Sicherheit kreisen, bedeutet,

1. daß Sie beruflich besser vorankommen können als je zuvor – weil sie mehr Zeit und Kraft in Ihre Arbeit stecken können;
2. daß Sie vom Sex psychisch und daher auch körperlich mehr haben;
3. daß Sie vergessen werden, was Langeweile heißt;
4. daß Ihre Neugier zunehmen wird – und damit auch Ihre Möglichkeiten, aufregende und schöne Erlebnisse zu haben;
5. daß Ihre Freundschaften Ihnen viel mehr bringen als bisher;
6. daß Sie leichter neue Freundschaften schließen;
7. daß es die Einsamkeit nicht mehr geben wird – weil sie nämlich die Stunden Ihres Alleinseins auskosten werden;
8. daß die Tatsache des Älterwerdens nicht mehr wie ein Damoklesschwert über Ihrem Wohlbefinden hängen wird;
9. daß sie besser aussehen werden (Ihre innere Verfassung wirkt sich auf Ihr Gesicht ebenso positiv aus wie irgendeine Creme oder Lotion);
10. daß Sie Fähigkeiten entdecken werden, die Sie bei sich nie vermutet hatten;
11. Wenn Sie verheiratet sind oder mit einem Mann zusammenleben, wird sich Ihre Beziehung verbessern, blühen und gedeihen;
12. Wenn Sie alleinstehend, geschieden oder verwitwet sind,

werden Sie mehr Chancen haben, eine wirklich gute Beziehung zu einem Mann aufzunehmen.

Ich kann Ihnen nicht versprechen, daß Sie über Nacht oder ohne weiteres selbständig werden. Schließlich haben Sie ja Ihre derzeitige Weltanschauung und Ihr Selbstbild auch nicht über Nacht erworben, oder?

Ich glaube nicht an Heilungen nach dem Schema: »Da Sie A sind, sollten Sie B tun, um C zu werden.«

Aber ich habe eine Methode, mit deren Hilfe man hoffnungslose Abhängigkeit überwinden kann. Sie hat bei vielen meiner Patientinnen funktioniert. Sie kann auch Ihnen helfen.

Ihr erster Schritt besteht darin, daß Sie verstehen lernen, wie Sie zu dem Menschen geworden sind, der Sie heute sind.

II »Wie bin ich nur so geworden?«

Viele meiner Patientinnen, die glauben, ohne Mann seien sie nichts, sind auch fest überzeugt, dieser Zustand sei ihnen vom Schicksal auferlegt.

Viele Frauen fühlen sich praktisch in der hoffnungslosen Abhängigkeit wie in einer Zwangsjacke. Von daher kann man verstehen, daß ihnen ein solcher Zustand gottgewollt oder als normales Frauenschicksal erscheint. Die Passivität ist natürlich – und war auch immer schon – Bestandteil des traditionellen Frauenbildes, ein klassischer Wesenszug des Weiblichen. In der Geschichte der Philosophie und der Literatur gibt es zahlreiche Hinweise auf diese Fügsamkeit, die Frauen angeblich von Natur aus eigen ist.

Eine besonders ärgerliche Beschreibung stellt Arthur Schopenhauers Essay »Über die Weiber« dar, der folgendermaßen schließt:

»Daß das Weib seiner Natur nach zum Gehorchen bestimmt sei, gibt sich daran zu erkennen, daß eine Jede, welche in die ihr naturwidrige Lage gänzlicher Unabhängigkeit versetzt wird, alsbald sich irgendeinem Manne anschließt, von dem sie sich lenken und beherrschen läßt; weil sie eines Herrn bedarf. Ist sie jung, so ist es ein Liebhaber; ist sie alt, ein Beichtvater.«

Was Schopenhauer willkürlich der weiblichen »Natur« zuschrieb (gemäß seinen Beobachtungen weiblicher Verhaltensweisen), haben anerkannte Theoretiker der Psychologie mit der weiblichen Anatomie in Verbindung gebracht.

In meinen Gesprächen mit Patientinnen und Kollegen ist mir

aufgefallen, wie viele Menschen der Erklärung weiblicher Abhängigkeit anhängen, nach der die Frau ein »leeres Gefäß« ist, in einer biologischen Falle gefangen und durch ihren Körperbau seelisch programmiert.
Helene Deutsch schrieb in ihrer *Psychologie der Frau:*

». . . die anatomische Beschaffenheit der Sexualorgane gestattet keinen Zweifel an der Art ihrer Ziele. Das männliche Organ ist zum aktiven Vordringen, das weibliche zum rezeptiven Aufnehmen geschaffen . . . Das Erwachen der Vagina zu voller sexueller Funktion hängt vollständig von der Aktivität des Mannes ab; dieser Mangel an spontaner vaginaler Aktivität bildet den physiologischen Grund und Boden der weiblichen Passivität.«

Laut Erik Erikson (in *Jugend und Krise*)

». . . legt die klinische Beobachtung den Gedanken nahe, daß im weiblichen Erleben der ›innere Raum‹ im Zentrum der Verzweiflung steht, ebenso, wie er das Zentrum der potentiellen Erfüllung schlechthin ist. Leer zu sein ist die weibliche Form der Verdammung. . . . Verlassen zu sein bedeutet für sie, leer gelassen zu sein, des Bluts ihres Körpers, der Wärme des Herzens, des Safts des Lebens entleert zu sein . . . Behaupte ich also, daß die Anatomie Schicksal ist? Ja, sie ist Schicksal, indem sie nicht nur die Spannweite und Struktur des physiologischen Funktionierens und seine Grenzen bestimmt, sondern auch, in einem gewissen Maß, Persönlichkeitsstrukturen. Die Grundmodalitäten der Hingabe und Beteiligung der Frau spiegeln natürlicherweise auch den Grundplan ihres Körpers wider.«

Diese Ansicht besticht durch ihre Ordentlichkeit. Sie klingt vernünftig – das gilt dann aber auch für die entgegengesetzte Sicht der biologischen Bestimmung: Männer dringen ein und Frauen empfangen, gut – sollten Männer dann nicht hoffnungsloser von Frauen abhängig sein, als man festgestellt hat oder als sie selber behaupten? Biologisch gesehen, brauchen sie Schutz. Sie suchen ihn bei der Frau. Biologisch brauchen sie die Frauen also ebensosehr, wie die Frauen sie brauchen!

Ich könnte die »Theorie vom leeren Gefäß« endlos weiter diskutieren. Aber ich halte es für sinnlos, über eine Vorstellung herzuziehen, die ganz bestimmt nicht konstruktiv ist. Wenn man überzeugt ist, in einer biologischen Falle zu stecken, braucht man gar nicht erst zu versuchen, sich zu ändern und sich von der Falle zu befreien – denn die Anatomie kann man ja wirklich nicht ändern!

Jeder Patientin, die meint, sie sei vom Schicksal oder ihrer Körperstruktur dazu »verdammt«, ewig um Männer zu kreisen, sage ich: »Wo bleibt die Vorstellung, daß der Geist stärker ist als die Materie? Wenn Sie glauben, Sie seien verdammt, dann sind Sie's wirklich. Wäre es nicht interessant, das Schicksal oder was Sie als Schicksal ansehen, auf die Probe zu stellen, um zu sehen, ob Sie nicht zufällig weniger verdammt sind als Sie es nach Ihrer Überzeugung sind?«

Außerdem gibt es viele Anhaltspunkte dafür, daß dieser sogenannte Naturzustand (die Frau braucht den Mann so dringend) in Wirklichkeit nicht vorherbestimmt, sondern erworben ist. Meine Erfahrungen mit Hunderten von Patientinnen haben mich davon überzeugt, daß hoffnungslose Abhängigkeit nicht angeboren, sondern erlernt, nicht anatomisch, sondern kulturell bedingt ist.

Denn erstens habe ich miterlebt, wie ziemlich viele Frauen selbständig geworden sind – was natürlich nicht möglich wäre, wenn die hoffnungslose Abhängigkeit tatsächlich das biologische Schicksal der Frau wäre.

Und zweitens beschreiben meine Patientinnen, wenn sie über die möglichen Anfänge ihrer übertriebenen Abhängigkeit nachdenken, am Ende nicht etwas, das immer da war, sondern eine Einstellung, die sich im Verlauf ihrer Entwicklung zur Frau ausgeprägt hat – nicht nur in Amerika, sondern auf der ganzen Welt!

Wenn eine Frau zu mir kommt und, obschon nicht unbedingt mit Worten, zum Ausdruck bringt, daß sie meint, ohne Mann sei sie nichts, versuche ich zunächst, sie zum Nachdenken darüber zu bewegen, wie ihre Erziehung zu dieser Meinung geführt haben könnte.

Ich fordere sie nicht nur dringend auf, sich an die prägenden Jahre ihres Lebens zu erinnern; ich bitte sie, diese Erinnerungen *aufzuzeichnen*. Sie soll alle Gründe aufschreiben, die sie vermutlich zu der Überzeugung gebracht haben, sie könne nur in der Zweisamkeit Glück und Erfüllung finden. Diese Aufzählung soll auch Aufschluß darüber geben, wie der Einfluß ihrer Eltern sie in diese Richtung gedrängt hat. Sie soll auch die kulturellen Faktoren aufführen, die Art, wie ihre Umwelt ihr vermittelt hat, wer sie sein und wie sie handeln sollte.

Ich habe diese »Hausaufgaben« jahrelang gelesen und sie mit meinen Patientinnen besprochen. Mir ist dabei klar geworden, daß der »Arche-Noah-Faktor«, wie ich ihn nenne, einer der wichtigsten Gründe für die Entstehung von Denk- und Verhaltensweisen der übermäßigen Abhängigkeit ist.

Schon als Kleinkinder sehen wir, daß die Welt von Paaren bevölkert ist, von Individuen, die sich zu zweit zusammentun – wofür auch immer. Wir sind natürlich alle dem Einfluß von Mutter und Vater als Einzelpersönlichkeiten ausgesetzt; aber darüber hinaus wirkt auch das Bild des *Elternpaares* auf uns ein – was vielleicht für den Grad unserer späteren emotionalen Abhängigkeit noch wichtiger ist.

Marsha, eine 32 Jahre alte unverheiratete Lehrerin, beschrieb, als sie kürzlich zum ersten Mal zu mir kam, den »Arche-Noah-Faktor« mit beredten Worten: »Es ist unglaublich, wie wenig ich als Kind auf andere angewiesen war«, sagte Marsha. »Meine Mutter hat sich immer darüber gewundert, wie unabhängig ich war. Ganze Wochenenden brachte ich damit zu, daß ich allein las, mich allein beschäftigte. Ich glaube, mit vier Jahren stand ich im großen ganzen mehr auf meinen eigenen zwei Beinen als heute.«

Ich fragte sie: »Was meinen Sie, ist denn passiert?«

»Na ja«, sagte sie, »als ich ernsthaft darüber nachgedacht habe, was mich wohl dazu gebracht haben könnte, zu glauben, daß mir ohne Mann etwas Wesentliches fehlt, ist mir klar geworden, daß ich weder meiner Mutter noch meinem Vater die Schuld geben kann. Keiner von ihnen hat mich unter Druck gesetzt zu heiraten. Genau das Gegenteil war der Fall. Ich sollte in der Schule sehr gut sein, sollte ehrgeizig sein, sollte später etwas Besonderes werden.

Ich glaube daher, daß der Hauptgrund – der einzige, der mir einfällt –, warum ich unbedingt heiraten oder zumindest mit jemandem zusammenleben möchte, darin liegt, daß meine Eltern ein großartiges Paar waren und sind. Sie führen eine fabelhafte Ehe. Sie waren immer unzertrennlich. Ich habe eigentlich keinen von ihnen als für sich allein vollständigen Menschen angesehen. Sie waren meine Eltern, eine Einheit, ein Paar.

Und es schien mir natürlich und richtig und wunderbar, daß sie so waren. Es kam mir vor wie etwas, wonach ich streben sollte, nein, *mußte*. Ich bin sicher, daß ich schon als sehr kleines Mädchen irgendwo tief innen wußte, daß ich nur als Partner in einem guten Gespann – wie meine Eltern – glücklich sein könnte. Wenn mir das nicht gelänge, wäre ich wirklich ein Versager!«

Marsha lebt unter einem strengen Gesetz. Ich habe schon viele Frauen beraten, die, wie Marsha, die Ehe ihrer Eltern idealisieren und dem glorreichen Vorbild, das sie war oder ist, nacheifern wollen. Das geht oft so weit, daß sie sich keinen anderen Weg zu einem erfüllten Leben vorstellen können.

Andererseits sind auch viele meiner Patientinnen, die keine vorbildlichen Eltern hatten wie Marsha, trotzdem zu demselben Schluß gekommen: Nur als »bessere Hälfte« in einer Partnerschaft könnten sie ein annehmbares Leben führen.

Patricia, eine Bühnenbildnerin, lebte nach der Scheidung ihrer Eltern mit ihrer Mutter zusammen. »Mein Vater hat sich abgesetzt, als ich zwei Jahre alt war«, erklärte Patricia. »Und ich erinnere mich, wie Freundinnen meiner Mutter und Verwandte traurig über die ›Tragödie‹ redeten, daß ich und mein älterer Bruder nun ohne die ständige Anwesenheit eines Vaters auskommen mußten. Alle versuchten immer, meine Mutter mit irgendwelchen Männern zu verkuppeln, und drängten sie, wieder zu heiraten.

In Wirklichkeit brauchte meine Mutter nicht viel Ermutigung in dieser Hinsicht. Wir hatten eine ganze Reihe von ›neuen Vätern‹, die bei uns wohnten. Als ich noch ganz klein war, hab' ich schon gemerkt, daß meine Mutter reizbar, ja sogar ekelhaft war, wenn sie keinen Freund hatte oder wenn sie mit einem Freund Schwierigkeiten hatte. Als sie schließlich meinen Stiefvater heiratete, war es, als hätte sie in der Lotterie gewonnen. Sie hatte ihn an Land gezogen! Alle taten so, als hätte sie das *Wunderbarste* zustandegebracht, was einer Frau gelingen kann.«

Susan, eine andere Patientin, hatte ihre frühe Kindheit in einem Waisenhaus verlebt. Sie wurde bei Pflegeeltern untergebracht, normalerweise bei Ehepaaren. Einmal hatte sie eine alleinlebende Pflegemutter, die sie anbetete. Die Adoptionsberater fanden jedoch, diese Frau sei für die kleine Susan als Adoptionsmutter ungeeignet – wahrscheinlich *weil* sie allein lebte.

Susan wurde von einem Ehepaar adoptiert – das glücklicherweise sehr nett war. Aber sie vergaß die alleinstehende Frau niemals, ebensowenig wie den Eindruck, daß mit dieser Frau »etwas nicht stimmte«, bloß weil sie allein lebte. Susan wurde ganz gewiß die Überzeugung vermittelt, es sei besser, »normaler«, zusammen mit einem Angehörigen des anderen Geschlechts durchs Leben zu gehen, als allein zu leben.

Mary Beth kam auch zu dieser Überzeugung, obwohl sie in etwas aufwuchs, an das sie sich als »Kriegsgebiet« erinnerte. Sie sagte zu mir: »Wenn ich an meine Kindheit denke, kommt mir ein grenzenloser Lärm von Türenknallen, schreienden Stimmen und dem Weinen meiner Mutter hoch. Ich glaube, es gab keine zwei Tage hintereinander, an denen nicht irgendein großer Streit über die Bühne ging. Man möchte meinen, ich hätte zu dem Schluß kommen müssen, Ehe sei dasselbe wie Elend, und daher um jeden Preis zu vermeiden.«

Aber das war nicht der Fall. Mary Beth ging vom College ab, um zu heiraten. Drei Jahre später, sie hatte inzwischen zwei Kinder, endete ihre Ehe mit der Scheidung. Innerhalb eines Jahres heiratete Mary Beth zum zweiten Mal. Sie rechnet damit, daß diese Ehe hält, aber sie sagte mir: »Ich weiß, in dem unwahrscheinlichen Fall, daß sie nicht von Dauer ist, würde ich wieder heiraten oder meinen, ich müßte heiraten, um glücklich zu werden. Es scheint wie eine Zwangsvorstellung zu sein, ich müßte etwas fertigbringen, was meine Eltern nicht geschafft haben; ich müßte die harmonische Einehe führen, von der ich weiß, daß sie möglich ist – und ich weiß, daß meine Eltern gelitten haben, weil sie keine solche Ehe hatten.« Bei manchen Frauen, die wie Mary Beth aus zerbrochenen Familien stammten, habe ich festgestellt, daß sie sich infolge dieser Herkunft zu ganz anderen Ansichten bekannten und schworen, sie würden nie heiraten. Sie fürchteten sich vor der Ehe, weil sie das Beispiel ihrer Eltern vor Augen hatten.

Aber von denjenigen meiner Patientinnen, deren Eltern eine unglückliche Ehe geführt hatten, war doch die Mehrzahl in der Überzeugung aufgewachsen, daß Verheiratetsein Glück bedeutet, denn die Eltern sind nie das einzige Beispiel für »Paarverhalten« im Leben eines Kindes.

Was immer man zu Hause über die Ehe erfährt, wird durch andere Paare, mit denen man nicht zusammenlebt, bekräftigt oder widerlegt. In ihren Aufzeichnungen darüber »wie sie geworden sind«, erwähnen meine Patientinnen oft, daß ihre Eltern nur mit Paaren befreundet waren.

Selbst wenn die Beziehung der Eltern nicht gerade idyllisch war, gab es also immer eine ganze Welt voller unzertrennlicher Mann-Frau-Einheiten, unter denen man Vorbilder finden konnte.

Francine, 24 Jahre alt und gerade mit der Juristenausbildung fertig, sagte: »Die Ehe meiner Eltern war ein Alptraum; sie warteten allerdings mit der Scheidung, bis ich von zu Hause fort und an die Universität ging. Aber ihre Freunde kamen immer paarweise – zum Essen, zu Partys, zu kirchlichen Veranstaltungen – daher kam ich trotzdem zu der Überzeugung, Zweisamkeit sei das beste.

Da alle Paare, die ich kannte – mit Ausnahme meiner Eltern – sehr verliebt und glücklich zu sein schienen, nehme ich an, daß ich einfach zu dem Schluß kam, meine Eltern müßten irgendwas Unnormales sein. Zu Tante Louise und Onkel Jake oder Mary und Jim schaute ich buchstäblich auf. Im Rückblick erscheint es komisch, aber die Namen der Paare waren ebenso untrennbar miteinander verbunden, wie es die Leute zu sein schienen. Man erwähnte sie nicht einzeln – nicht oft jedenfalls. Man sagte immer Mary und Jim usw., als wäre es ein Wort.«

Francine wurde in ihrer Ansicht, die Hälfte eines Paares zu werden sei das höchste Vorrecht des Erwachsenendaseins, zweifellos dadurch bestärkt, daß sie mit den großartigen Paaren, die sie bewunderte, nicht unter einem Dach lebte. Im Rückblick ist ihr klar, daß die Ehen mancher Paare noch schwieriger waren als die Ehe ihrer Eltern. Aber da sie als Kind nur Paare im »Licht der Öffentlichkeit« zu sehen bekam, die ihr bestes Benehmen an den Tag legten, schloß sie, diese Menschen paßten, im Gegensatz zu ihren Eltern, deren Probleme für sie nur allzu offensichtlich waren, perfekt zusammen und seien vollkommen zufrieden.

Francine sagte: »Ich war entsetzt, als Mary und Jim, die bei weitem das romantischste Paar unter den Freunden meiner Eltern waren, sich vor zwei Jahren scheiden ließen. Ich war schon auf der Uni. Ich hatte sie längere Zeit nicht gesehen, aber mein Kindheitseindruck von ihrer unauflöslichen Verbindung war noch lebendig. Wenn Freunde von mir sich scheiden lassen, die in meinem Alter sind, bin ich nie schockiert. Aber Mary und Jim? Dieses ideale Ehepaar aus der Freundesrunde meiner Eltern? Daß sie sich scheiden ließen, war bestürzend, unvorstellbar!«

Als Francine über ihre Kindheit sprach, wurde, wie bei anderen Patientinnen von mir auch, deutlich, daß man seine Eltern in ihren Interaktionen immer als Teil ihres sozialen Umfeldes sieht.

»Die sozialen Gruppen, denen meine Eltern angehörten, bestanden meist aus Paaren«, sagte Francine. »Ich stellte mir vor, man müßte verheiratet sein, um der Kirche, dem Country Club – um überhaupt irgendwas anzugehören.«

Francine und viele andere Frauen, die ich beraten habe, waren der Ansicht, der Gipfel der »Zugehörigkeit« sei, wenn Mann und Frau in der Ehe einander gehören. Vor kurzem erzählte mir eine Patientin von ihrer Mutter, die heute noch, Jahre nach dem Tod ihres Mannes, darauf besteht, als »Frau Louis Simpson« angesprochen zu werden. Der Nachname allein reichte nicht; sie mußte auch seinen Vornamen für sich verwenden! (Diese Geschichte erinnert an die herzergreifende Schlußszene eines der größten Kino-Rührstücke aller Zeiten – *A Star Is Born* [dt. Titel: *Ein neuer Stern am Himmel*] mit Judy Garland und James Mason. Judy Garland, »der Star«, nannte sich bei ihrem ersten öffentlichen Auftreten ihres alkoholkranken und [hoffnungslos abhängigen!] Mannes voller Stolz »Frau Norman Main«, anstatt ihren eigenen berühmten Namen zu gebrauchen.)

Was meinen Patientinnen ebenfalls zu der Überzeugung verhalf, verheiratete Frauen hätten es schöner als ledige, waren die Fest- und Feiertage, für die Kinder die aufregendsten Zeiten des Jahres.

Es gibt zwei Arten von Festen: Familienfeiern und Anlässe, bei denen das Paar als solches gefeiert wird. Zur ersten Art gehören neben Geburts- und Namenstagen Weihnachten, Ostern, Passah und Nationalfeiertage.

Janet ist seit drei Jahren verheiratet und beschreibt die innere Dynamik solcher Feste in der Familie und ihren Einfluß auf ihre persönliche Lebensgeschichte. Janet heiratete ein paar Tage nach ihrem High-School-Abschluß, und obwohl ihre Ehe »höllisch« ist, wie sie sagt, hält sie's aus, weil »jede Ehe noch besser ist als das Alleinsein«.

»Wenn die Familie zum Feiern zusammenkam, war außer fröhlichem Schmausen am reichgedeckten Tisch eine ganze Menge los«, erzählte Janet. »Erstens war da Tante Edith, die einzige Frau über Vierzig in unserer ganzen Familiengeschichte, die nie geheiratet hatte. Sie war immer, besonders an solchen Festtagen, ein Außenseiter. Von Jahr zu Jahr wurde sie von der übrigen Familie mehr bedauert – das hab' ich schon als Kind deutlich gespürt.

Außerdem waren die Festtage, verglichen mit den normalen Tagen, immer so toll. Ich hab' schon früh begriffen, daß ich mich deshalb so wohl fühlte, weil wir eine solide, normale

Familie waren, eine Gruppe verwandter Ehepaare und ihres Nachwuchses.

Ich sonnte mich in diesem Gefühl des Dazugehörens. Ich wußte, daß ich nur dann weiterhin dazugehören würde, wenn ich eines Tages selber einen Partner und Nachwuchs haben würde; mit diesem Partner würde ich meine eigene Familie, meine eigene Dynastie gründen und meine eigenen rauschenden Familienfeste feiern können.«

Feste, bei denen das Paar als solches gefeiert wird, sind noch mehr mit der unausgesprochenen Botschaft verknüpft, daß Liebe und Ehe für die Frau befriedigender sind als alles andere, was sie im Leben erreichen könnte. Einige meiner Patientinnen haben das Getue beschrieben, das ihre Eltern an ihren Hochzeitstagen veranstalteten – jedes Jahr des Zusammenseins wurde von neuem gefeiert. Die Hochzeitstage der Großeltern wurden noch aufwendiger gefeiert. »Ich erinnere mich an die Goldene Hochzeit meiner Großeltern«, erzählte mir eine Patientin. »50 Jahre verheiratet! Das kam mir wie eine großartige, welterschütternde Leistung vor. Ich war damals 15. Ich erinnere mich noch, daß ich mir dachte, hoffentlich schaff' ich das auch, mit Glück oder Zähigkeit oder sonst was.«

Die Gesellschaft betont die Vorteile der Ehe, indem sie die Hochzeitstage materiell aufwertet. Je größer die Zahl der Jahre, desto höher der Wert des Symbols. Alle fünf Jahre wird man – das versteht sich von selbst – reicher belohnt. Auf Holz folgt Silber, auf Silber Gold, dann – soviel ich weiß – Platin, Uran . . .

Für eine meiner Patientinnen war der Valentinstag immer besonders aufregend: »Mein Vater hatte für meine Mutter immer liebevolle Geschenkideen – ein tolles Nachthemd, ein teures Parfüm, einen Ring mit einem herzförmigen Rubin – lauter Sachen übrigens, die sie sich selbst nie gekauft hätte. Und wahrscheinlich hab' ich aus diesem alljährlichen Ritual geschlossen, daß man unbedingt einen Mann haben muß, weil er einen fürs bloße Da-sein belohnt und man sich deshalb großartig und als was Besonderes fühlt.«

Es ist kein Wunder, daß es dieser Frau, wie so vielen anderen, schwer fällt, sich selber etwas Gutes zu tun! Kein Wunder, daß sie nie darauf kommen, daß das auch möglich ist.

Die Vorteile von Liebe und Ehe werden Kindern auch im Alltag klar; sie brauchen nur zu beobachten, wie ihre Eltern im Gegensatz zu ihnen selber leben.

Man kann schwerlich abschätzen, was in einem Kind vor sich geht, wenn es auch nur bemerkt, daß Mama und Papa zusammen in einem Bett schlafen – »und *ich* hab' nur meinen Teddy...«

Eine meiner Freundinnen hat einen dreijährigen Sohn, der sie neulich fragte: »Wenn ich groß bin, darf ich dann auch bei dir schlafen, wie Papa?«

Der »Arche-Noah-Faktor«, die Vorstellung, die ganze Welt sei von Paaren bevölkert und man selbst müsse auch einen Partner haben, um dazuzugehören, beeinflußt Jungen wie Mädchen. Der Grund, warum das andere Geschlecht für Mädchen – anders als für Buben – eine so lebensentscheidende Bedeutung gewinnt, liegt darin, daß die Kinder bei den Paaren ihrer Umgebung beobachten, wer was tut.

Uns prägt nicht nur die Partnerschaft als solche, sondern auch das Verhalten der Partner untereinander, ihre jeweiligen Rollen. Alle meine Patientinnen sagen übereinstimmend, der stärkste Kindheitseindruck vom Umgang der Ehepartner miteinander sei gewesen, daß die Frau sich nach dem Mann richtet und der Mann viel unabhängiger, stärker und selbstsicherer ist als die Frau.

Diese Auffassung vertreten übrigens nicht nur Frauen meiner eigenen Generation und solche, die vor der Frauenbewegung aufwuchsen, sondern auch sehr junge Frauen, deren Mütter im Dunstkreis des Feminismus erwachsen wurden.

Meine Teenager-Patientinnen erkennen sich in meinen eigenen Kindheitserinnerungen ebenso wieder wie Frauen meines Alters. Ich weiß noch, daß meine Mutter in Gegenwart meines Vaters ziemlich hilflos war. Einmal kam zum Beispiel eine Fledermaus ins Haus. Meine Mutter schrie meiner Schwester und mir zu, wir sollten uns Handtücher um den Kopf binden, damit sich die Fledermaus nicht in unseren Haaren verfangen könne. Dann rief sie meinen Vater, der draußen war; er sollte kommen und die Fledermaus rausschaffen. Er jagte das verschreckte Tier, während wir – ebenso verschreckt – zitternd in einer Ecke saßen. Unser Held überwältigte die Fledermaus. Und meine Mutter war so dankbar! Meine Schwester und ich – dem Vorbild der Mutter folgend – fielen ihm auch um den Hals und überschütteten ihn mit Lob und Bewunderung.

Hilflosigkeit wurde von jeher und wird immer noch als bewundernswerte und sogar bezaubernde weibliche Eigenschaft angesehen. Man denke nur daran, wie die Damen in der viktorianischen Zeit reihenweise in Ohnmacht fielen; oder an die Zeile bei Shakespeare: »Schwachheit, dein Name ist Weib.« Generation um Generation haben uns ohnmächtig werdende, sich anklammernde, vor Sehnsucht vergehende Film- und Romanheldinnen demonstriert, daß die Frauen eine gefährdete Spezies sind – Frauen ohne Männer natürlich.

Und sowohl Männer als auch Frauen haben aus diesem Image Kapital geschlagen und es ausgenützt. Hoffnungslose Abhängigkeit ist nicht immer und nicht nur die Folge echter Hilflosigkeit. Wäre nicht mein Vater oder ein anderer Mann in greifbarer Nähe gewesen, hätte meine Mutter mit der Fledermaus wohl selber fertig werden können. Aber sie hatte schon als kleines Mädchen gelernt (wie ich von ihr), vor Männern eine ganz andere Rolle zu spielen als vor Frauen oder vor sich selbst. Genauso hatten es selbst meine jüngsten Patientinnen von ihren erwachsenen Rollenvorbildern gelernt.

Ich hatte eine Patientin, die sich mit Autos so gut auskannte, daß sie als Mechaniker hätte arbeiten können. Als sie jedoch neulich auf der Autobahn eine Reifenpanne hatte, blieb sie neben ihrem Auto stehen und setzte ihre hilfloseste Miene auf, bis ihr ein Kavalier der Straße zu Hilfe kam – genau darauf hatte sie natürlich gewartet!

Viele Frauen kreischen, wenn sie Ungeziefer, Schlangen, Mäuse oder Blut sehen – vorausgesetzt, es sind männliche Zuschauer vorhanden, die ihnen zu Hilfe eilen können. Oft bringen jedoch dieselben Frauen, wenn sie allein sind, eine Spinne, die ihnen

über den Weg läuft, kaltblütig und ohne Zögern um. Mädchen wird also die zweischneidige Überzeugung vermittelt, erstens: das Ergattern eines Partners sei das wichtigste Lebensziel und zweitens: gespielte Abhängigkeit sei äußerst nützlich bei der Suche nach einem Partner und dafür, ihn bei der Stange zu halten.
Wir lernen, wir könnten uns nur wohlfühlen und gesellschaftlich akzeptiert werden, wenn wir von der Anwesenheit eines Mannes tatsächlich abhängig sind. Aber außerdem lernen wir auf vielfältige Weise – und jede hat ihre eigene Art –, Abhängigkeit von Männern zu *spielen,* um uns für sie anziehend zu machen und ihre Dauerpräsenz in unserem Leben sicherzustellen.
Und diese Abhängigkeitsschau – das Herunterspielen unserer eigenen Fähigkeiten, unserer Intelligenz, unseres Mutes usw., während wir zugleich seine Stärke, seinen Scharfsinn und seine Unentbehrlichkeit hochspielen – nährt die echte Abhängigkeit. Aus Spiel wird Ernst.
Wir nehmen gewissermaßen an uns selber eine Gehirnwäsche vor!

Schon erstaunlich früh entwickelt sich unser Sozialverhalten ähnlich wie das unserer Eltern und ihrer Freunde.
Vor kurzem hörte ich eine Frau über ihre dreijährige Tochter reden. Ihr »Freund« kam nach dem Kindergarten vorbei. »Sie ist so verliebt in ihn«, kicherte die Mutter. »Ist das nicht süß? Sie sind ein richtiges Mini-Pärchen.«
Eine meiner Patientinnen erinnerte sich: »Als ich im ersten Schuljahr war, gab es in meiner Schule einen Karneval mit Spielen, Clowns, Zuckerwatte – und jede Klasse führte etwas auf. Wir hatten uns eine Ballszene ausgedacht; die kleinen Mädchen trugen Ballkleider und die Buben sahen alle aus wie kleine Prinzen. Die Lehrerin stellte die Paare zusammen, und wir tanzten Walzer. Die Erwachsenen waren begeistert!
Ich weiß noch, daß ich gefragt wurde: ›Wirst du Tommy heiraten, wenn du groß bist?‹ In mein Gedächtnis brannte sich das Bild ein, ich würde im Arm eines Mannes – oder damals, eines Jungen – durchs Leben tanzen!«
In der Adoleszenz sieht es (unter dem Blickwinkel des Jugendli-

chen) so aus, als ob alle Mädchen in eine von zwei Kategorien passen: die einen wirken auf Jungen anziehend, die anderen nicht.

In diesem Alter wird den Mädchen die Wichtigkeit, einen männlichen Begleiter zu haben, auf eine Weise eingebleut, die an Stammesriten und Bräuche heranreicht.

1. Du kannst unmöglich allein zum Klassenball gehen; dasselbe gilt natürlich für jede offizielle Party. Private Partys sind etwas anderes – aber auch dort stehst Du mit einem Partner besser da.

2. Heutzutage kann man ohne weiteres allein oder mit einem anderen Mädchen tanzen; durch die Discos ist das Tanzen zu einem kontaktfreien Sport geworden. Aber nach wie vor gilt bei Tanzveranstaltungen oder in der Disco – wie zu meiner Zeit: Es ist besser, mit einem Mann zu tanzen. Die modernen Mädchen fürchten sich ebenso davor, Mauerblümchen zu sein, wie ich vor vierzig Jahren.

3. Mit einem männlichen Wesen an der Seite fühlt man sich als Mädchen im Kino, auf Sportveranstaltungen und selbst im McDonald's viel wichtiger – ja sogar *sichtbarer* –, als wenn man allein oder in einer Gruppe von Mädchen dort auftaucht.

4. Dein Selbstwertgefühl steigert sich mit der Zahl der Jungen, die mit Dir ausgehen wollen. Je beliebter Du bist, desto mehr achten Dich Deine Altersgenossinnen und desto mehr Selbstachtung bekommst Du.

5. Dein Selbstwertgefühl hängt auch davon ab, *wer* mit Dir ausgehen will. Wenn er der Mannschaftsführer vom Football-Team ist, kennt Deine Wertschätzung keine Grenzen mehr. Wenn es die Klassenniete ist – na ja, besser irgendeine Einladung als gar keine, aber...

Beim Jugendlichen nimmt der elterliche Einfluß gegenüber dem Gruppendruck der Gleichaltrigen immer mehr ab. Eine meiner Patientinnen, die als Teenager dick und unbeliebt war, sagt: »Meine Mutter hat nie gedrängelt, ich sollte abnehmen um besser auszusehen und zum Ausgehen aufgefordert zu werden. Sie hat nie davon geredet, wie wichtig es ist, bei den Jungen beliebt zu

sein. Aber das brauchte sie auch nicht – ich habe es ja selbst gesehen, wie wichtig es für die anderen Mädchen war. Und ich wollte so sein wie sie.
Ich habe gemerkt, daß die Mädchen, die immer Freunde hatten, mehr Spaß hatten. Für mich war ›Spaß haben‹ dasselbe wie ›einen Freund haben‹. Und ich wollte einfach auch Spaß haben, verdammt – also war mein Lebensziel, abzunehmen, hübsch zu werden, bei den Jungen beliebt zu sein – sie waren ja für mich die einzige Quelle der Freude auf der ganzen Welt.«
Ab und zu habe ich Frauen beraten, die sich »glücklich« schätzen, daß sie als Teenager nicht beliebt waren. »So bin ich dazu gekommen, meine Intelligenz und meinen Humor zu entwikkeln«, sagte eine von ihnen. »Ich habe gelernt, selber mit dem Leben fertig zu werden; ich habe nämlich eingesehen, daß ich nie damit rechnen könnte, von einem Mann Unterstützung zu bekommen!«
Aber diese Frauen sind die Ausnahme. Es ist keineswegs sicher, daß das Mädchen, das am Samstagabend selber für seine Unterhaltung sorgen muß, sich in der Zeit weiterbildet oder eigene Interessen anderer Art entwickelt, also autark, unabhängig und stark ist. Es stellt sich heraus, daß unbeliebte Mädchen oft ebenso hoffnungslos abhängig sind wie ihre begehrenswerten Altersgenossinnen.
Auch sie unterliegen dem Gruppendruck der Gleichaltrigen und darüber hinaus dem, was ich als kulturelle Verschwörung bezeichne – den Filmen, Fernsehshows, Schlagern und Werbesendungen, in denen die Liebe als »alles, was du brauchst« (wie es bei den Beatles hieß) dargestellt wird und das Fehlen von Liebe als das Schlimmste, was einem, abgesehen von Tod oder Entstellung, passieren kann.
Selbst bei Filmen, in denen es nicht um Liebe geht – Agentenfilmen, Kriminalfilmen –, schleicht sich das ewige Thema Mann-und-Frau oft ins Drehbuch ein, als würde jede Story automatisch interessanter, wenn die Liebe mit im Spiel ist. Es scheint, als komme dem Liebesabenteuer kein anderes Aben-

teuer gleich – und wenn Filme und Romane dies dauernd wiederholen, wird daraus eine unumstößliche Wahrheit.
Die überragende Bedeutung der romantischen Liebe wird uns auch in den Schlagern eingehämmert, die wir hören und nach denen wir tanzen, besonders in der Jugend – der Jahrgang macht da keinen Unterschied. Die Botschaft ist immer die gleiche. Swing, Rock, Soul, Country und Western Songs, Folk und Folk-Rock, Punk-Rock – das Thema Liebe nimmt neben Politik, Geld, Patriotismus und Weltfrieden immer bei weitem den ersten Rang ein.
Die Musik als solche bringt uns vielleicht in Bewegung, aber wir identifizieren uns mit den Texten, durch die in verschiedenen Lebensphasen unsere Einstellungen geformt und verstärkt werden. Eine alleinstehende Patientin bestätigte mir neulich: »Jede meiner Beziehungen hatte ihre eigenen Begleitmelodien. Immer gab es bestimmte Schlager, die uns begleiteten, als wir uns kennenlernten, als wir uns liebten, als wir uns trennten. Sie spiegelten unsere Gefühle oder auch meine Stimmungen in den einzelnen Abschnitten dieses Spiels wider.
Die Texte sagen im Grunde immer das gleiche: Die Liebe ist das Höchste im Leben. Und die größte Tragödie auf der Welt ist der Verlust der Liebe oder die vergebliche Suche nach ihr.
Ich weiß noch, daß ich mich als junges Mädchen mit Schlagern wie *Three Little Words* (Drei kleine Wörtchen, nämlich: »Ich liebe dich«) und *All of Me* (Ganz und gar: »Warum nimmst du mich nicht ganz und gar? . . .«) identifiziert habe.
Für Sie mag der Rhythmus ein anderer sein; aber das Thema bleibt dasselbe: »Meine Welt ist ohne dich so leer, Baby«, »Du bist mein ein und alles«, »Du bist das Beste, was mir je begegnet ist«, »Halt' zu deinem Mann«, »Es müssen zwei sein« . . .
Mädchen, die heutzutage aufwachsen, hören den gleichen uralten Refrain. »Vor zwei Jahren gab es diesen Disco-Hit ›Victim‹«, erzählte mir eine 20jährige Patientin, »und der Text handelte von einer Frau, deren Freund sie stehenließ. Er war ihr sowieso immer untreu gewesen. Sie hat es satt, Opfer zu sein, weiß aber, daß es ihr wieder genauso gehen wird, weil sie sich im Handumdrehen wieder verliebt.

Ich habe mich mit diesem Schlager identifiziert wie blöd und ihn hundertmal gespielt. Er war irgendwie meine eigene Geschichte. Ich hatte damals gerade mit diesem Kerl Schluß gemacht, der ständig andere hatte, wie in dem Song, und ich war fest entschlossen, nie wieder einem Mann zum Opfer zu fallen. So hab' ich mir's jedenfalls vorgestellt. Aber gleichzeitig hab' ich mich nach einem anderen umgeschaut; versteh'n Sie das?«

Deborah, eine verheiratete Frau in den Dreißigern, erzählt mir, daß ein aktueller Hit sie gleichzeitig in Rage bringt und tröstet: Die Sängerin trällert ein fröhliches Liedchen auf ihren Mann, der jeden Tag von neun bis fünf arbeitet und dann nach Hause kommt, wo sie auf ihn wartet. Sie tut so, als wäre das die Krönung ihres Lebens, als hätte sie durch ihren Wartestand das Nirwana erreicht.

Deborah erklärte: »Die Sängerin könnte ich selber sein. Ich meine, das ist genau meine Situation. Mein ganzes Leben dreht sich wirklich um meinen Mann. Aber damit braucht man doch nicht anzugeben oder einen Schlager draus zu machen! Mich hat es wütend gemacht, daß diese Worte mit so einem fröhlich hüpfenden Rhythmus unterlegt waren. Kinder hören sich nämlich dieses Zeug an, und ich hätte nicht gerne, daß meine Tochter diese Botschaft aufschnappt. Gleichzeitig hat mich dieser Song aber auch beruhigt – denn er bedeutet ja vielleicht, daß ich gar nicht so zurückgeblieben bin, wie ich meine. Wenigstens bedeutet er, daß es jede Menge andere gibt, die stehengeblieben sind, die Radio hören und Schallplatten kaufen. Vielleicht wissen sie ja nicht so gut wie ich, daß sie all die Zeit wieder hereinholen können, die sie im Leben durch den Mann verloren haben – und das erschreckt mich.«

Es gibt auch Filme und Fernsehsendungen über Frauen, die ihren eigenen Lebensstil entwickeln. *Schütze Benjamin* war in letzter Zeit einer meiner Lieblingsfilme. Und weder Mary Tyler Moore noch Rhoda, ihre Tochter, schienen Männer in ihrem Leben so furchtbar nötig zu haben. Billie, die Reporterin in der Fernsehserie *Lou Grant,* lebt allein und wirkt nicht unglücklich!

Im großen ganzen hat sich jedoch die kulturelle Gehirnwäsche seit der Zeit, als ich ein junges Mädchen war, nur oberflächlich verändert. Selbst kleine Mädchen, die heutzutage »befreit« aufwachsen, deren Mütter ihnen Rennautos statt Puppen zum Spielen geben und ihnen die feministische Arbeitsmoral beibringen, werden durch Einflüsse, die ihre Mütter nicht in der Hand haben, immer noch darauf programmiert, in die Liebe verliebt zu sein, nur von der Liebe die Erfüllung zu erwarten – genau wie ich vor vielen Jahren.

Neulich habe ich tagsüber im Fernsehen eine Werbung für »Barbie« gesehen, eine jener Puppen mit Zubehör, inklusive Puppentelefon. Die Puppe war als Schönheitskönigin angezogen. Und zwei kleine Mädchen glucksten entzückt; das eine sagte: »Barbie ist beliebt!« Und das andere quiekte: »Und sie ist so schön!« Ich konnte nicht glauben, daß man uns so etwas im Jahr 1981 vorsetzt!

Unglaublich erschien mir auch jene Parfümwerbung unserer Tage, in der eine körperlose männliche Stimme das schöne Fotomodell fragt: »Warum nimmst du dieses Parfüm?«

»Weil es gut duftet«, sagt das Modell.

»Gestehe!« befiehlt die Stimme.

»Weil *er* es mag!«

Es gibt auch hinterlistigere Werbespots, in denen so getan wird, als sei »befreites« Verhalten auch schon echte innere Freiheit. Beispiel: die Werbung für *Harvey's Bristol Cream,* in der wir die Frau als Raubtier sehen, wie sie den Mann in ihre Höhle lockt – aber alles ist ganz verdreht, denn was sie ihm vorsetzt, ist – *Harvey's Bristol Cream.*

In dieser kleinen Szene sehen wir, daß eine Frau all das tun kann, was sonst immer die Männer getan haben – die Initiative ergreifen, ihn anrufen, ihn einladen. Aber die moderne Frau, die das Sagen hat, kann immer noch dasselbe abhängige Weibchen sein, das sich eine neue Sprache und eine neue Technik zugelegt hat, um sich einen Gefährten zu sichern. Sie zeigt keineswegs emotionale Reife und Selbständigkeit. Sie veranschaulicht nach wie vor jenes »Bei-mir-kommen-die-Männer-zuerst«-Verhalten – bloß hat der alte Kuchen einen andersfarbigen Zuckerguß.

Die meisten Frauen, die zu mir in Therapie kommen, fangen allmählich an zu begreifen, daß sie vor einer gewaltigen Herausforderung stehen. Es erscheint ihnen unmöglich, mit Denk- und Verhaltensweisen zu brechen, die so tief verwurzelt sind, schon in der frühen Kindheit gebahnt und durch kulturelle Normen verstärkt wurden, die einem vorschreiben, wer man sein und wie man handeln *soll*.

Wenn ich die Frauen darauf hinweise, daß ihre im Lauf der Zeit gewachsene Meinung, als Hälfte eines Paares zu leben sei das einzig Wahre, in Wirklichkeit nicht das Wahre ist, treffe ich gewöhnlich auf Widerspruch.

Man ist ja nicht nur eine Frau mit Partner, die zufrieden ist (solange er da ist), oder eine Frau ohne Mann, die deshalb unglücklich ist. Es gibt nicht nur diese zwei Möglichkeiten für eine Frau – wobei die eine stets gut und die andere unweigerlich schlecht ist.

»Ja, ich glaub's Ihnen!« brüllte mich eine Patientin neulich an. »Vielleicht kann ich allein glücklich sein. Vielleicht sollte ich die Erfüllung meines Lebens nicht von Männern erwarten. Vielleicht kann ich sie in mir finden. Aber wissen Sie was? Ich will mich nicht darauf einstellen, allein zu leben. Ich mag Männer. Ich will einen in meinem Leben. Ich will, daß Sie mir sagen, was ich tun kann, um das zu erreichen . . .«

Ich sagte folgendes zu dieser Frau: »Da Sie unbedingt bei Ihrer Überzeugung bleiben wollen, die monogame Beziehung sei der einzige Weg zum Glück, verrate ich Ihnen ein Geheimnis. Jeder Mann, dem Sie begegnen, wird ohne Frage Ihre Haltung, Ihr ängstliches Bestreben mitkriegen.« (Ich sagte nicht »verzweifeltes Verlangen«.) Sie wird den Männern, mit denen sie sich verabredet, wohl nicht sagen, was sie mir gesagt hat – aber spüren werden sie es wahrscheinlich doch.

Ich riet ihr, sie müsse ihre Haltung ändern, wenn sie wirklich einen Mann wolle. Sie müsse diese Ängste loswerden, welcher Art sie auch seien – daß ihr die Zeit knapp werde, daß sie nicht allein alt werden wolle oder daß ihr einfach unbehaglich zumute sei, weil sie keinen stets präsenten Dauerpartner habe, der sie auf

die jeweils aktuellen Neuauflagen vom »Klassenball« begleite.
Sie müsse einen Punkt erreichen, an dem es wirklich keine Rolle spiele, ob sie einen Mann habe oder nicht. Sie werde ihr Leben auf jeden Fall genießen.
Ich versicherte ihr, sie werde, wie andere Patientinnen auch, erfahren, daß in dem Augenblick, in dem eine Frau beschließe, ihr Leben voll auszuschöpfen, es interessanter und aufregender zu gestalten, daß in dem Augenblick, in dem sie aufhöre auf einen Mann zu warten, der Farbe in ihre Tage und Nächte bringe, der Märchenprinz wahrscheinlich auftauchen werde!
Aber ich kann für nichts garantieren. Und eines stelle ich immer klar: Wenn Sie zu sich selber sagen, »So, von nun an tue ich so, als sei ich völlig autonom. Ich werde es den Männern schon zeigen, daß ich sie nicht brauche!«, dann wird die eben beschriebene Strategie nicht funktionieren.
Es kommt darauf an, keinerlei Gedanken mehr an die Tatsache zu verschwenden, daß Ihre Wohnung derzeit Niemandsland ist. Mir geht es darum, daß Sie ihr Leben voller Schwung gestalten, weil Sie um Ihr eigenes Zentrum der inneren Sicherheit kreisen und weil Sie zutiefst überzeugt sind, daß Sie produktiv und glücklich sein werden – ganz gleich, ob Sie den Märchenprinzen finden oder nicht.
Wenn Sie diese Einstellung haben, werden Sie auf jeden Fall siegen.
Und Sie bewegen sich jetzt schon auf diese neue, für Sie selbst konstruktive Auffassung zu – auch wenn sie es selber nicht so empfinden.
Bewußtsein ist immer der erste Schritt zur Veränderung – ein größerer Schritt, als Sie vielleicht meinen. Sie sind sich bereits bewußt, was hoffnungslose Abhängigkeit *für Sie* bedeutet und was Sie aufgrund Ihrer Lebensgeschichte zu der Überzeugung brachte, für Ihr Wohlbefinden sei unbedingt ein Mann vonnöten.
Nun geht es darum, dieses Bewußtsein zu nützen, um selbständig zu werden.
Sie haben den Gedanken, ohne Mann seien sie nichts, mehr oder

weniger zu einer Grundvoraussetzung Ihres Lebens gemacht, weil sie in einer Gesellschaft aufgewachsen sind, die soviel Wert auf das *Paar* legt.

Aber diese Grundvoraussetzung besteht daraus, daß Sie jeden Tag, bei beliebig vielen Gelegenheiten, von bestimmten einzelnen Voraussetzungen ausgehen. Sie beruhen auf Ihrer Überzeugung davon, wie Sie selbst und andere heute denken, fühlen und handeln *sollten* – was natürlich von Ihren Erfahrungen und Ihrer Erziehung abhängt.

Sharon zum Beispiel, die Patientin, die sich daran erinnerte, daß ihr Vater am Valentinstag ihrer Mutter immer kleine Geschenke voller Romantik brachte, war schrecklich enttäuscht und wütend, als ihr neuer Freund ihren Geburtstag übersah. »Ich habe ihn 17 mal daran erinnert«, sagte Sharon. »Dann war der große Tag da und – nichts«.

Sharon, die eine genaue Vorstellung hatte, wie Männer, denen an ihren Frauen etwas liegt, sich verhalten *sollten,* nahm infolgedessen an, sie bedeute diesem Mann nichts. Sie ließ ihren Freund die Enttäuschung spüren, indem sie schmollte, ihm sarkastische Antworten gab und alles andere tat, als offen zuzugeben, was sie ärgerte. So hat sie sich ihren Geburtstag schließlich selber kaputtgemacht.

Ich erklärte ihr dies und fügte hinzu, sie könne ja auch diese automatische Annahme, ihrem Freund liege nichts an ihr, weil er ihren Geburtstag übersehen habe, einmal in Frage stellen (und andere, auf ähnliche Weise zustandekommende gleich mit). Warum sollte sie nicht mal die Möglichkeit erwägen, daß es vielleicht auch andere Gründe geben könnte, weshalb er kein Geburtstagsgeschenk für sie hatte – Gründe, die weder mit ihr noch mit seinen Gefühlen für sie zu tun hätten? Zum Beispiel:

1. Er könnte mit seinen eigenen Problemen so beschäftigt gewesen sein, daß er ihren Geburtstag vergessen hat – auch nach siebzehnmaliger Erinnerung.
2. Vielleicht hatte er gerade kein Geld übrig und genierte sich, es einzugestehen. Er stellt sich vor, er wird ihr nachträglich

ein Geschenk überreichen – dann nämlich, wenn er genug Geld hat, um etwas ganz Tolles zu kaufen.

3. Vielleicht hat er keine Vorstellung davon, was ihr gefallen könnte und will sie um Rat fragen.

4. Vielleicht spielte der Geburtstag in seiner Familie keine große Rolle – anders ausgedrückt, Geschenke waren nicht üblich. Nicht jeder wächst nämlich wie Sharon auf!

Hätte Sharon innegehalten, um die Situation realistisch zu analysieren, anstatt sich vorschnell geringzuschätzen, weil sie von ihren eigenen festen Vorstellungen ausgegangen war, dann hätte sie auch auf eine Erklärung von Seiten ihres Freundes warten können. Wenn keine Erklärung gekommen wäre, hätte sie auch um eine bitten können – ohne vorwurfsvoll oder fordernd zu sein. Sie hätte sich nicht abgewiesen gefühlt; sie hätte ihren Freund nicht durch ihr Verhalten vor den Kopf gestoßen, das für ihn ungerechtfertigt und gemein sein mußte. Kurzum, sie hätte einen schönen Geburtstag gehabt – Geschenk hin oder her.

Was hat das alles mit der Überwindung jener Denkweise zu tun, ohne Mann sei eine Frau nichts? Ganz einfach: Eine Frau, die um ihr eigenes Zentrum der inneren Sicherheit kreist, anstatt darauf zu warten, daß ein Mann ihr das Gefühl vermittelt, begehrenswert, geliebt, wertvoll usw. zu sein, eine solche Frau würde dieses Geburtstagsgeschenk nicht nötig haben. Sie hätte es vielleicht ganz gern; sie würde es vielleicht zu schätzen wissen. Aber sie würde es nicht *nötig* haben. Ihr Selbstwertgefühl würde weder zunehmen, wenn sie es bekäme, noch abnehmen, wenn sie es nicht bekäme. Das Ausbleiben eines Geschenkes würde ihr nicht weh tun – und sie veranlassen, ihn zu »bestrafen«. Mit anderen Worten, sie würde sich nicht wie eine hoffnungslos abhängige Frau verhalten.

Eine Frau, die nicht um ihr eigenes Zentrum der inneren Sicherheit kreist, kann dieses zweite Rückgrat allmählich entwickeln, indem sie in einer Situation wie der geschilderten und in vielen anderen Situationen lernt, die Dinge realistisch einzuschätzen, anstatt ihren eigenen festen Vorstellungen gemäß zu reagieren.

Das verzweifelte Bedürfnis nach einem *Beweis seiner Zuneigung* (und nicht von ungefähr sagt man so!) der *Ihnen* Ihren Wert als Mensch und als Frau bestätigt, ist nur *ein* Beispiel für jenes Denken in festen Vorstellungen. Wenn Sie diese Vorstellung, wie es (er) sein sollte, vervielfachen und auf viele Aspekte ihres alltäglichen Lebens anwenden, entsteht daraus jene Grundannahme, von der wir uns zu befreien suchen: Ohne Mann bin ich nichts.

Sie müssen jede dieser festen Vorstellungen einzeln in Frage stellen, damit die hoffnungslose Abhängigkeit Stück für Stück abbröckelt und schließlich völlig aufhört. Obwohl ich, wie gesagt, von Selbstverbesserungsformeln nichts halte, habe ich beobachtet, daß man die übertriebene Abhängigkeit, wie andere schlechte Gewohnheiten auch, ausradieren kann, indem man die Voraussetzungen hinterfragt, die ihr zugrundeliegen und die dem entsprechen, wie man zu denken und sich zu verhalten gelernt hat.

Ich habe auch beobachtet, wie schwierig es am Anfang ist, wenn man eine bestimmte Situation von allen Seiten untersucht, um sie zu verstehen und um sich gemäß der Realität, nicht den eigenen festen Vorstellungen entsprechend zu verhalten. Es ist am Anfang meist unbequem, die eigenen Denk- und Verhaltensgewohnheiten radikal zu ändern, wie es ja auch schwierig ist, schlechte Eßgewohnheiten oder andere schlechte Gewohnheiten abzulegen. Es ist mühsam, immer selbständig zu denken.

Aber sobald Sie sich auf den Gedanken einlassen, Ihre festen Vorstellungen in Frage zu stellen und sie durch eine realistischere Sicht zu ersetzen, wird die Angelegenheit zu einem aufregenden Abenteuer. Wenn sie Ihren eigenen Widerstand erst einmal überwunden haben, wird es viel verlockender, sich zu ändern, als psychisch alles beim alten zu lassen.

Wenn Sie in jeder neuen Situation wieder die betreffenden festen Vorstellungen hinterfragen, bekommen Sie darin immer mehr Übung und immer mehr Aufschluß über sich selbst. Ihre neuen Denk- und Verhaltensweisen werden ebenso automatisch, wie es die alten waren.

Ich vergleiche diesen Vorgang häufig mit dem Üben eines

Klavierstückes. Zuerst spielt man es unbeholfen, dann geläufiger. Wenn man weiterübt, kommt ein Zeitpunkt, an dem man das Stück beherrscht. Man hat es in den Fingern. Das Spiel wird flüssig. Man denkt nicht mehr an jede einzelne Note. Wenn Sie eine Zeitlang bewußt danach streben, alle festen Vorstellungen, die man so hat, zu hinterfragen, passiert etwas Ähnliches. Ich kann Ihnen zwar nicht sagen, wann genau sich die automatische Steuerung einschaltet, aber irgendwann werden Sie entdecken, daß sie selbständig geworden sind. Sie werden spüren, daß Sie ein starkes zweites Rückgrat entwickelt haben – und daraus werden Sie Ihre Sicherheit und Ihr Gefühl des Wohlbefindens beziehen. Sie werden nicht mehr auf die Anwesenheit eines Mannes oder auf eine bestimmte Art seines Verhaltens Ihnen gegenüber angewiesen sein.

Vielleicht hätten Sie gern einen Mann und würden ihn zu schätzen wissen. Aber Sie werden ihn nicht unbedingt nötig haben. Infolgedessen werden Sie glücklicher sein und alle Ihre Beziehungen werden befriedigender verlaufen.

Machen wir uns also an die Arbeit, und fangen wir mit dem Gebiet an, auf dem es mehr feste Vorstellungen gibt als irgendwo anders: mit der Sexualität.

III Sexuell unabhängig werden

Ich glaube, ich habe schon jeden denkbaren Grund für das verzweifelte Bedürfnis nach einem Mann gehört. Aber der Hauptgrund ist, nach den Aussagen meiner Patientinnen, die Sexualität.

Dabei meinen sie durchaus nicht immer Sex. Sie meinen die echten oder eingebildeten positiven Nebenwirkungen der Sexualität. Eine Patientin namens Lisa hat es so ausgedrückt: »Was ich brauche, ist das Gefühl der Sicherheit, das mir der Sex gibt, das Gefühl, begehrenswert zu sein, das ich habe, wenn ein Mann mit mir ins Bett gehen will. Wenn ich auf einen Mann sexuell anziehend wirke, fühle ich mich wertvoll.«

Viele Frauen sind überzeugt, daß es sie schön, sexy, begehrenswert usw. macht, wenn sie einen Mann im Bett haben. Es ist wie ein Gütesiegel der *Stiftung Warentest*.

Ich kenne Hunderte von festen Vorstellungen, *wie es sein soll,* die das Sexualverhalten der Frauen und folglich ihre Beziehungen zu Männern bestimmen. Diese Vorstellungen lassen sich vier Kategorien zuordnen:

1. Wenn die Frau mit einem Mann zusammenlebt: Die Quantität und Qualität der sexuellen Begegnungen pro Tag, Woche oder Monat ist ein Maß seiner Liebe zu ihr (und damit auch für das Gelingen der Beziehung). Wenn ein Mann eine Frau liebt, *soll* er es körperlich beweisen – feurig und oft!
2. Wenn sie nicht mit einem Mann zusammenlebt: Eine sexuelle Beziehung *soll* von vorneherein emotionale Bindung bedeuten. Wenn sie mit einem Mann schläft, *soll* er wieder mit ihr ausgehen.
3. Männer *sollen* das gute Aussehen einer Frau über alle anderen Eigenschaften stellen, wenn sie sich eine Partnerin suchen.

Daher braucht sie die Aufmerksamkeit eines Mannes, um in bezug auf ihre äußere Erscheinung selbstbewußt sein zu können.

4. Der Sex *soll* ebenso wie eine gesunde Ernährung für die Erhaltung der geistigen und körperlichen Gesundheit sorgen. Deshalb ist es genauso wichtig, einen Mann zur Verfügung zu haben, wie Lebensmittel im Kühlschrank.

Wir wollen uns jede einzelne dieser festen Vorstellungen und ihre Folgen sowie die Art und Weise, wie sie zu übertriebener Abhängigkeit führen, näher ansehen. Meine Freundin Barbara hat sich immer nach dem *»Soll«* Nr. 1 gerichtet. Sie glaubt ernsthaft, die Qualität ihres Geschlechtslebens sei ein Indikator für die Güte ihrer Ehe.

Barbara hat ein Fotostudio; ihre Spezialität sind Stilleben jeder Art, von Juwelen bis Babynahrung, für Werbezwecke. Sie macht Karriere. Auf ihre Kunden wirkt Barbara kompetent, selbstbewußt – vielleicht sogar knallhart. In ihrer Beziehung zu Hal, mit dem sie seit fünf Jahren verheiratet ist, zeigt Barbara nicht die Symptome der hoffnungslosen Abhängigkeit, wie ich sie im ersten Kapitel beschrieben habe – jedenfalls meistens nicht.

Aber was die Sexualität anbelangt, ist Barbara, wie sie selber sagt, »ein Faß ohne Boden«. Sie besteht darauf, daß Hal jede Nacht mit ihr schläft – denn, wenn er es nicht täte, würde es nach ihrer Vorstellung bedeuten, er liebe sie nicht mehr so wie sie ihn.

Barbara setzt Hal enorm unter Druck; er muß sexuelle Leistungen erbringen, um das Soll an Treue zu erfüllen, das sie für unerläßlich hält.

Kurioserweise hat Barbara kein ungewöhnlich starkes Luststreben. Sie sehnt sich nach Sex, weil er ihr die Tiefe und Dauerhaftigkeit ihrer Beziehung bestätigt.

Sehen wir uns das Verhalten an, das die Folge von Barbaras festen Vorstellungen ist. Sagen wir, es ist Dienstag, nachts um halb zwölf; Barbara und Hal liegen im Bett. Die Nachrichten sind zu Ende; Barbara greift nach der Fernbedienung, um den Fernseher abzuschalten und schmiegt sich dabei an Hal. »Mach ihn nicht aus«, sagt Hal, »ich möchte noch den Spätfilm anschauen.«

Barbara flüstert: »Ich will ihn aber ausmachen – und dich will ich anmachen.«

Hal möchte aber lieber fernsehen. Barbara liegt da, ihr Blick ist auf den Bildschirm gerichtet; ihre Gedanken sind woanders. Ihr geht im Kopf herum, was Hals Verhalten wohl zugrunde liegen könnte – sprich: ihre eigenen automatisch auftauchenden festen Vorstellungen.

1. Er findet mich nicht mehr sexy.
2. Er liebt mich nicht mehr so wie früher.
3. Vielleicht hat er ein Verhältnis – oder er träumt davon!

In ihrer Panik hört Barbara nicht auf, mit Hal zu schmusen und hindert ihn so daran, sich auf den Film zu konzentrieren – genießen kann er ihn sowieso nicht. Schließlich steht Hal auf und geht in ein anderes Zimmer zum Fernsehen.

Barbara ist am Boden zerstört. Hal hat mit seinem Auszug ihre schlimmsten Vermutungen bestätigt. Sie steht auf, geht ihm nach und beschuldigt ihn lautstark, er liebe sie nicht mehr.

Als Barbara mir diese Situation schildert, sage ich ihr, sie mache nicht nur sich selber unglücklich, sondern übe auch auf Hal übertriebenen Druck aus, der womöglich das Ende der Beziehung herbeiführen könnte. Anders ausgedrückt – *sie* (nicht Hal) sei mitschuldig, wenn ihr Alptraum wahr würde. Schließlich werde Hal, wenn Barbara sich weiterhin so fordernd, anklagend und anklammernd verhalte, nicht nur das Schlafzimmer, sondern das Haus verlassen.

Ich lege Barbara nahe, ihre Erwartung aufzugeben, Hal müsse sich so verhalten, wie sie es für einen Mann richtig finde. Ich dränge sie, die Annahmen in Frage zu stellen, die sie auf Grund ihrer Erwartungen vom männlichen Idealverhalten macht – und sich mit der Wirklichkeit auseinanderzusetzen, anstatt auf Grund solcher Annahmen zu handeln.

Was die gerade beschriebene Dienstagabendsituation betrifft, so hätte Barbara auf viele mögliche Deutungen von Hals Verhalten kommen können, die nicht Hal zum Schurken und sie zum Opfer gemacht hätten:

1. Vielleicht wollte sich Hal wirklich den Spätfilm anschauen, weil er ihn interessierte.
2. Hal fühlte sich vielleicht krank.
3. Er war vielleicht mit einem beruflichen Problem beschäftigt; man kann schwerlich im Bett gut sein, wenn man in Gedanken im Büro ist.
4. Vielleicht hatte Hal einfach keine Lust auf Liebe. Männer sind *nicht* immer bereit, willig und in der Lage.

Barbara machte, wie viele Frauen, die ich kenne, den Fehler, das, was sie als Hals Ablehnung deutete, zu persönlich zu nehmen. Sie verlangte zu sehr nach der sexuellen Bestätigung, die seine Liebe zu ihr und die Dauerhaftigkeit ihres Bundes bekräftigen sollte.

Barbaras Reaktion auf Hals Wunsch, lieber fernzusehen als mit ihr zu schlafen, hätte (wenn sie ihn für bare Münze genommen hätte) sein können, sich selbst zu fragen, ob sie in diesem Augenblick wirklich mit ihm schlafen wollte, und, wenn ja, warum sie es wollte – was für einen Gewinn sie sich davon erhoffte. Es gibt mehrere Möglichkeiten, und da Hal – aus welchen Gründen auch immer – nicht mitmachen wollte, hätte Barbara selber mehrere Alternativen gehabt:

1. Ich will einfach nur körperliche Entspannung – einen Orgasmus. (In diesem Fall gibt es keinen Grund, warum ich mich nicht selbst befriedigen soll.)
2. Ich möchte, daß mein Gefühl innerer Leere aufhört. (In diesem Fall ist Sex bei weitem nicht die einzige Erfüllungsmöglichkeit auf der Welt oder im Haus. Da ist der Krimi, den ich halb gelesen habe. Ich kann an meiner Dissertation arbeiten. Ich kann mich sogar auf den Film konzentrieren.)
3. Ich will mich so weit entspannen, daß ich rasch einschlafen kann. (In diesem Fall kann ich Yogaübungen oder Gymnastik machen, oder ein Glas Wein oder eine Tasse heiße Milch trinken.)
4. Ich brauche emotionale Unterstützung. Ich möchte fühlen, daß

ich begehrt werde. (In diesem Fall kann ich meine beste Freundin anrufen und ihr mein Herz ausschütten. Oder vielleicht können Hal und ich einfach ein gutes Gespräch führen, wenn der Film zu Ende ist.)

Ein Faktor, der es am Anfang schwierig macht, feste Vorstellungen in bezug auf das Geschlechtsleben in Frage zu stellen, besteht darin, daß nur wenige Frauen genau wissen, wer sie in sexueller Hinsicht sind und was sie von ihrer Interaktion mit dem anderen Geschlecht erwarten. Barbara fiel es zum Beispiel schwer, herauszubekommen, was sie jeweils von einem sexuellen Kontakt wollte, weil sie sich nie klar gemacht hatte, was Sexualität ihr bedeutete oder welche sexuellen Bedürfnisse sie hatte – außer der unbestimmten Vorstellung, Sex sei gleichbedeutend damit, daß ein Mann sie liebe und seine Absicht erkläre, sie weiterhin zu lieben. Damit war die Annahme verbunden, wenn ein Mann diese Funktion nicht wahrnehme, könne sie kein vollständiger, normal funktionierender Mensch sein.

Ich finde, daß das Fehlen sexueller Selbsterkenntnis nicht nur bei verheirateten Frauen wie Barbara ein Problem ist, sondern auch bei Alleinstehenden – besonders bei denen, die der festen Vorstellung Nr. 2 anhängen: Geschlechtsverkehr sollte zu emotionaler Bindung führen – oder zumindest zu einer weiteren Verabredung.

Eine meiner Patientinnen namens Roberta bekannte sich zu dieser Ansicht. Als sie zur Therapie kam, war sie 33 Jahre alt, hatte genug von den ewigen Verabredungen und hielt aktiv Ausschau nach jemandem, der ihre ziemlich strengen Anforderungen an den »idealen Ehemann« verkörperte. Roberta wollte dringend heiraten oder mindestens einem Mann begegnen, der sich in sie verliebte. Deshalb war sie ungemein bemüht, jedem Mann, den sie als potentiellen Geliebten und als geeignet für eine moderne Romanze ansah, zu gefallen und ihm Eindruck zu machen.

Ich forderte Roberta auf, sich in die folgende fiktive Lage zu versetzen (die ich Patientinnen oft ausmale):

Sagen wir, Sie sind kurz davor, zum zweiten Mal mit einem

Mann auszugehen. Sagen wir, er ist ein Mann, der Ihnen wirklich gefällt. Sie fühlen sich wohl bei dem Gedanken an das Zusammensein mit ihm. Es entzückt Sie schon, sein distinguiertes Profil beim Autofahren anzuschauen. Sie machen sich für die große Verabredung richtig schön. Sie sind festlich gestimmt. Sie haben das Gefühl, fabelhaft auszusehen. Sie denken: ›Dies könnte der Anfang von etwas Großartigem sein.‹ Was sollte nun nach Ihren Wünschen bei dieser Gelegenheit geschehen? Lassen Sie beiseite, was er nach Ihrer Vorstellung gern erleben würde – was möchten *Sie?*

Roberta dachte minutenlang nach, wollte etwas sagen, hielt inne, und platzte schließlich heraus: »Nichts. Ich weiß nicht, was ich möchte. Ich meine, ich will alles, was er will.« Manche Patientinnen haben mir andere Antworten gegeben, zum Beispiel: »Ich möchte mit ihm ins nächstgelegene Hotel stürzen und meiner Vernarrtheit Erfüllung verschaffen.« Aber das ist nicht die übliche Antwort. Die Antwort hat gewöhnlich Ähnlichkeit mit Robertas: »Ich weiß nicht, was ich möchte« oder sie lautet: »Ich möchte, daß *er* mich mag« oder »Ich möchte, daß er mit mir schlafen will«.

Darauf sage ich: »Hören Sie auf! Vergessen Sie, was *er* will und sagen Sie mir, was Sie wollen.« Und sie mühen sich ab, um die »richtige« Antwort zu finden, diejenige, die man von ihnen erwartet, und schließlich kommt: »Nichts«.

Sie haben keine Ahnung, daß ihr Körper ein Recht darauf hat, etwas zu wollen. Sie kommen einfach nie darauf. Sie verlassen sich darauf, daß der Mann den ersten und alle weiteren Schritte tut, denn:

1. »Wenn ich ihm gefalle, kommt er wieder.«
2. »Selbst wenn diese Affäre nicht von Dauer sein sollte, brauche ich es, daß er wiederkommt, denn sonst fühle ich mich wie ein Nichts . . .«

Was geschieht nun, wenn sich eine Frau bei einer Verabredung so verhält, wie es ihr ihre *festen Vorstellungen* befehlen? Die Lehrerin Pamela die ebenso darauf aus ist, sich einen Mann an Land zu ziehen wie Roberta, sagte mir, wenn sie mit einem

»potentiellen Lebensgefährten« ausgehe, setze sie immer voraus, ihm sei es an diesem Abend vor allem um »das eine«, nämlich um Sex zu tun. »Ich denke mir also«, erklärte Pamela, »er könnte, wenn ich bei seinem Programm mitmache, zu dem Schluß kommen, ich sei ›leicht zu haben‹, und gar nicht erst in Betracht ziehen, eine ernsthafte Beziehung mit mir anzufangen. Andererseits könnte er, wenn ich nein sage, den Eindruck haben, ich sei zu prüde, und würde mich vielleicht nicht wiedersehen wollen.«

Von diesen Sorgen Pamelas habe ich viele Varianten zu hören bekommen. Gemeinsam ist ihnen der vorherrschende Gedanke daran, was er wollen könnte, nicht daran, was die Frau selber wollen könnte, und die Annahme, er wolle Sex, begleitet von Überlegungen, wie er wohl reagieren werde, wenn die Frau mitmache oder sich weigere.

Patientinnen wie Pamela erkläre ich, die Lösung dieses Rätsels sei ebenso einfach wie zu wissen, was man wolle, und entsprechend zu handeln. Ich fragte sie: »Was wäre, wenn Sie sich bei der ersten Verabredung mit einem Mann, den Sie wirklich gern haben, selber eingestehen würden, daß Sie außer der geplanten Unternehmung (Ballett, Kino, Essen) gern sexuell etwas erleben würden? Was genau würden Sie gern erleben? Oder was würde Ihnen von allen sexuellen Betätigungen am besten gefallen?«

»Umarmt und geküßt werden«, sagte Pamela sofort.

»Haben Sie jemals überlegt, daß das genau das sein könnte, was der Mann gern hätte – und nichts weiter?«

»Nein.«

Zugegeben, es ist wahr, daß manche Männer, wenn sie mit Frauen ausgehen, wenig mehr als Sex im Sinn haben. Es trifft sogar zu, daß manche Männer das Gegenteil von Gentlemen und überhaupt nicht an Frauen interessiert sind, die sich nicht für Sex interessieren.

In einem solchen Fall – und gewöhnlich weiß man im Innersten, ob es ein solcher Fall ist – sollte man erleichtert sein und sich nicht abgelehnt fühlen, wenn man von dem Herrn nichts mehr hört.

Aber lassen wir einmal diese Typen beiseite, ebenso den Unsicheren, dessen Eifer, einen »Treffer« zu landen, von seiner eigenen

Angst vor Impotenz herrührt, und sehen wir uns die Vorrechte der Männer etwas genauer an.

Erstens stehen die Männer seit jeher unter einem enormen Druck, weil die Frauen ihnen die ganze Last der Verantwortung aufbürden. Die von mir befragten Männer, Patienten und Freunde, wissen fast alle, daß viele Frauen keine Ahnung haben, was sie – sexuell oder in anderer Hinsicht – von einer Verabredung erwarten.

Marty, ein 31jähriger Rechtsanwalt, beklagte sich: »Alles wird mir überlassen, von der Organisation des gemeinsamen Ausgehens bis hin zur Zukunft der Beziehung. Die Frauen erwarten von mir, daß ich sogar die keineswegs weltbewegenden Entscheidungen darüber treffe, welchen Film wir uns ansehen, in welches Restaurant wir gehen, ob wir zu Fuß gehen oder das Auto nehmen sollen.

Ich sage z. B. einer Frau, ›Also, wo wollen Sie essen?‹ Und sie weiß nicht, ob sie italienisch, chinesisch, griechisch, mexikanisch oder in einem Steakhouse essen will. Sie sagt, sie werde mit meiner Wahl zufrieden sein. Sie will nur, daß ich zufrieden bin. Das macht mich wütend!«

Das ist also die Last, die der alleinstehende Mann auf den Schultern trägt. Dieses Thema kam vor kurzem in der *New York Times* in einem Artikel zur Sprache, der überschrieben war: »Wenn Männer mit Frauen ausgehen, haben sie immer noch die größeren Schwierigkeiten.« Die Reporterin Marilyn Machlowitz erklärt: »Trotz der weitverbreiteten Überzeugung, die Praxis des ›Dating‹ in den Vereinigten Staaten verändere sich sehr schnell, sagen die Psychologen, daß sich die traditionellen Muster immer noch halten. Die mit dem ›Dating‹ verbundene Angst ist nach wie vor mehr ein Problem der Männer, und in der überwiegenden Zahl der Fälle sind es immer noch die Männer, die den Anstoß zu einem Rendezvous geben . . . Männer stehen immer noch mehr unter dem Druck der Erwartung, die Einladung zum Rendezvous sollten sie aussprechen. Wenn sie es tun, riskieren sie natürlich, einen Korb zu bekommen . . .«

Ich würde nicht sagen, daß meine Patienten in dieser Hinsicht mehr Probleme haben als meine Patientinnen. Aber sie haben bestimmt ebensoviele Schwierigkeiten wie die Frauen. Am wichtigsten finde ich, daß die Bedenken, Einstellungen und Erwartungen der Männer denen der Frauen meist auffallend ähnlich sind. Auch sie wissen nur allzu oft nicht, was sie in sexueller Hinsicht wollen.

Den Patientinnen, die immer danach handeln, was sie als die Wünsche und Erwartungen der Männer ansehen, sage ich ein paar unangenehme Wahrheiten über die wirklichen Wünsche und Erwartungen von Männern – wie sie sie mir geschildert haben:

1. Die Männer mögen zwar unabhängig und aggressiv handeln, weil die Gesellschaft es von ihnen verlangt (genauso wie die Passivität eine allgemein anerkannte weibliche Eigenschaft ist). Sie sind aber oft ebenso unsicher und verletzlich wie die Frauen.
2. Auch die Männer haben Angst, abgelehnt zu werden.
3. Im allgemeinen ist der Mann (am Anfang) aus demselben Grund darauf bedacht, einer Frau, die er mag, zu gefallen, wie die Frau im umgekehrten Fall auch. Er will nicht abgelehnt werden, er will sich wieder mit ihr verabreden und vielleicht eine echte Beziehung zu ihr aufbauen können.
4. Weder bei der ersten, zweiten, dritten oder auch bei einer späteren Verabredung steht für den Mann der Geschlechtsverkehr immer an erster Stelle. Männer, die im Einklang mit ihren Gefühlen stehen und wissen, wer sie sind (im Gegensatz zum »Ich-bin-ein-Mann«-Image, das sie sich aus den subjektiv empfundenen Erwartungen der Frauen und der Gesellschaft zusammenbrauen), erzählen mir oft, daß ihnen gerade das bloße Schmusen besonders Spaß macht (wie Marty sich ausdrückte).

Marty erklärte: »Frauen übertreiben meistens das Luststreben des Mannes, sein Bedürfnis nach Beischlaf. Aber es hängt alles von der Situation, meiner Stimmung und davon ab, wer die Frau ist. Oft sind Umarmungen oder Berührungen oder Händchenhalten gerade das richtige, gerade das, was ich will. Also, wenn ich eine Frau sehr gerne mag, kann ich warten. Ich bin schließlich kein sexbesessener Jugendlicher mehr.

Im Umgang mit der hoffnungslosen Abhängigkeit ist es meines Erachtens eine sehr nützliche therapeutische Maßnahme, Frauen über die wahren Gefühle der Männer aufzuklären (und natürlich auch umgekehrt). Wenn man einen Patienten dazu bringen will, nicht mehr auf Grund von Annahmen zu handeln, sondern die betreffenden Situationen endlich realistisch zu sehen, muß er (oder sie) verstehen, wieviel Mann und Frau in emotionaler Hinsicht gemeinsam ist.

Ich bin zu der Überzeugung gelangt, daß der wichtigste Schritt zur Selbständigkeit in Beziehungen zum anderen Geschlecht darin besteht, das Wort »anders« und alles dem Verstehen Hinderliche, das mit ihm einhergeht, nicht mehr zu betonen. Die gesellschaftlichen Rituale, die seit Generationen üblich sind – wobei Männer wie Frauen ihre festen Vorstellungen ausagieren – werfen gigantische Verständnisbarrieren auf, die es fast unmöglich machen, zu begreifen, wie ähnlich Männer und Frauen in Wirklichkeit sind. Leider bieten viele literarische und filmische Bearbeitungen des Themas *»Moderne Liebe«* ebenso wie gutgemeinte, von guten Ratschlägen überquellende Artikel und Taschenbücher nur recht oberflächliche Lösungen für die Leiden von Männern und Frauen an, die verliebt sind oder sich nach Liebe sehnen. Nach diesen Vorschlägen sollten die Frauen lernen, selbstsicherer und unabhängiger zu werden; sie sollten sich dem angleichen, wie Männer herkömmlicherweise sein *sollen*. Die Männer ihrerseits sollten lernen, ihre Gefühle mehr zum Ausdruck zu bringen und mehr Weichheit zuzulassen; sie sollten sich mehr dem angleichen, wie Frauen herkömmlicherweise sein *sollen*.

Aber die Lösung für Probleme, die vom ersten Blickkontakt bis zum Beischlaf auftauchen, ist nicht der Rollentausch. Die Lösung ist, die Rollenspiele aufzugeben. Wenn Männer und Frauen schlicht als Menschen miteinander verkehren würden, gäbe es weniger Spielchen wie: »Er Tarzan, ich Jane« und schon gar kein »Er Jane, ich Tarzan«. Die Frauen würden nicht klammern, und die Männer würden sie darin nicht bestärken. Hoffnungslose Abhängigkeit (auf beiden Seiten) würde menschlicheren Umgangsformen weichen, die nicht mehr nach dem Mann-Frau-Schema ablaufen.

Da Männer und Frauen so viele Probleme, Ängste und Unsicherheiten gemeinsam haben, versteht es sich von selbst, daß eine Frau, die sich selber besser verstehen lernt, auch mehr Verständnis für Männer aufbringt. Wenn sie lernt, besser mit sich selbst umzugehen, wird sie auch mehr Mitgefühl für Männer entwikkeln. Wenn sie aufhört, sich selber in so vielen Fällen als Opfer zu betrachten, wird sie im Mann nicht mehr den Schurken sehen.

Wenn eine Frau, wie vor kurzem meine Patientin Jeanne, in Tränen zu mir kommt, weil der Mann, mit dem sie vor zwei Wochen ausgegangen ist und mit dem sie geschlafen hat, sie immer noch nicht angerufen hat, versuche ich, sie dazu zu bringen, über ihn und sein Verhalten auf der Grundlage ihrer eigenen Gefühle nachzudenken – und nicht auf der Grundlage ihrer festen Vorstellungen von den Männern.

Der Situation »Er hat mich nicht wieder angerufen« begegne ich in meiner Praxis so oft, daß sie für mich zum Sinnbild für Beziehungen zwischen Männern und Frauen geworden ist. Ich benütze es häufig als Musterbeispiel, wenn ich Menschen veranlassen will, »Dating« als Problem *menschlicher* Beziehungen anzusehen. Sobald sie dazu in der Lage sind, wird der entscheidende Telefonanruf weniger wichtig. Die Patientin erwartet von dem Mann, mit dem sie sich verabredet hat, keine Bestätigung ihres Selbstwertgefühls mehr. Sie stärkt dadurch ihr eigenes Zentrum der inneren Sicherheit, wird selbständiger und gefühlsmäßig selbstsicherer.

Die 23jährige Jeanne lebt seit sechs Monaten allein in Manhattan. »Ich bin«, sagt sie, »zum ersten Mal im Leben auf mich selbst gestellt. Meine Eltern haben mich immer versorgt; dann ist das College an die Stelle der häuslichen Umgebung getreten. Nun bin ich da draußen und halte Ausschau nach einem Mann, der mich versorgt, schätze ich.«

Jeanne arbeitet als Verlagsassistentin bei einer angesehenen Frauenzeitschrift. Den jungen Werbemanager Larry hat sie auf einer Party kennengelernt, die eine gemeinsame Freundin veranstaltet hatte. »Er schien ein toller Mann zu sein«, sagt sie, »geistreich, gescheit und mit der Art von gutem Aussehen, die im Alter noch besser wird.« (Wie man sieht, plante Jeanne schon eine mögliche gemeinsame Zukunft mit Larry, als sie ihn kaum kennengelernt hatte!)

Larry lud Jeanne zum Essen in sein chinesisches Lieblingsrestaurant ein. (Jeanne kann chinesisches Essen nicht ausstehen; um ihre mögliche gemeinsame Zukunft mit Larry nicht aufs Spiel zu setzen, tat sie aber so, als sei sie geradezu süchtig danach!)

»Nach dem Essen« sagt Jeanne, »haben wir einen langen Spaziergang gemacht, der schließlich in meiner Wohnung endete. Und dann, wissen Sie, lief eben das Übliche ab. Ich bot ihm Kaffee an und er gab mir zu verstehen, daß er mehr als Kaffee wollte. Und ich ließ mich darauf ein. Weil, na ja, weil ich ihn wirklich gern mochte und ihn wiedersehen wollte.

Aber anscheinend waren seine Gefühle für mich nicht dieselben wie meine für ihn, denn ich habe seitdem nichts mehr von ihm gehört.« Larrys Schweigen ist für Jeanne eine Tragödie. Sie fragt sich, was sie falsch gemacht hat, ob sie eine sexuelle Niete ist. Sie fragt sich, wie er so gefühllos sein kann, sie nicht anzurufen, da sie ihm doch so deutlich gezeigt hat, wie gern sie ihn hat. Kurzum, sie schließt, da dieser eine Mann sie abgelehnt hat, müsse sie in jeder Hinsicht unannehmbar sein – nicht hübsch genug, nicht amüsant genug, nicht ausreichend sexy.

Ich frage Jeanne, ob sie jemals mit einem Mann ausgegangen sei, der gut aussah, geistreich und erfolgreich war – aber einfach nicht ihr Typ. Und ob sie ihn nicht, als er sie gebeten habe, wieder mit ihm auszugehen, abgewiesen habe – weil sie, obwohl sie gewußt habe, daß sie ihm sehr gut gefiel, und obwohl sie seine Qualitäten durchaus anerkannt habe, die Beziehung einfach nicht habe fortsetzen wollen?

»Natürlich«, sagt Jeanne.

»Und wenn es Larry mit Ihnen genauso gegangen wäre? Wenn er Sie für attraktiv und aufgeweckt gehalten hätte – aber aus irgendeinem Grund gemeint hätte, Sie seien nicht sein Typ?

Wenn Sie sich selber das Recht nehmen, einen Mann aus irgendeinem Grund nicht wiedersehen zu wollen, warum können Sie einem Mann nicht das Recht zugestehen, nicht noch einmal mit Ihnen ausgehen zu wollen? Außerdem – warum glauben Sie, wenn er nicht wieder anruft, dies sei ein negatives Urteil über Ihren Wert als Frau. Wenn Sie sich mit Männern nicht verabreden wollten, hat das doch auch nicht bedeutet, daß *sie* häßlich oder dumm waren oder daß sich keine andere Frau jemals für sie interessieren würde, oder?«

»So habe ich das noch nie gesehen«, sagt Jeanne.

Ich wollte Jeanne darin bestärken, Situationen dieser Art objektiv zu betrachten. Um ihr mehr auf Realität und nicht auf automatischen Voraussetzungen beruhende Anhaltspunkte zu geben, lese ich ihr eine Liste anderer möglicher Gründe vor, warum Larry vielleicht nicht angerufen haben könnte. Diese Gründe habe ich einem Artikel des Schriftstellers David Bradley in der Zeitschrift *Savvy* entnommen.

Der Artikel war überschrieben »Ein Mann erklärt: Warum ich gesagt habe, ich ruf' dich an und es doch nicht getan habe.« Ich fand Bradleys Auffassung besonders brauchbar, weil er all seine Erklärungen, warum Männer und Frauen nicht anrufen, durch die Art und Weise begründete, wie Frauen sich Männern gegenüber verhalten haben. Frauen sollten dies daher ohne weiteres verstehen können.

1. »Ein Mann beschließt vielleicht, ein schöner Abend oder ein schönes Wochenende sollte nicht dadurch verdorben werden, daß man versucht, mehr daraus zu machen.«

2. »Ein Mann mag, besonders wenn er sensibel *und* realistisch ist, Zweifel an seinen und ihren Gefühlen haben und deshalb wie gelähmt vor dem Telefon sitzen.«

3. »Ein Mann, der nicht sicher ist, was er will oder was sie will, wird vielleicht nie ans Telefon gehen, um herauszubekommen, was sich machen ließe.«

4. »Ein Mann schiebt vielleicht den Anruf so lange auf, bis er ein oder zwei Kleinigkeiten geklärt hat ... bis es einfach zu spät ist.«

Es ist also, wie Jeanne allmählich verstand, ein Fehler, wenn man es zuläßt, daß die Selbstachtung in so hohem Maß davon abhängt, ob ein Mann wieder anruft oder nicht. Es ist ein Fehler, auf ihn zu zählen, auf seinen Anruf zu warten (den man mit seiner Anerkennung gleichsetzt), um selber das Gefühl zu haben, man sei etwas wert. Sein Schweigen bedeutet nicht, daß man selber als Mensch abgelehnt wird; wenn man dies begreift, wird man allmählich fähig, sich auf sein eigenes Zentrum der inneren Sicherheit zu verlassen, anstatt darauf angewiesen zu sein, daß er oder andere Männer einem ein Gefühl der Sicherheit geben.

Außerdem ist es tatsächlich so: Wenn man sich auf sein eigenes Zentrum der inneren Sicherheit verläßt, wird es wahrscheinlicher, daß ein Mann wieder anruft. David Bradley erwähnt nämlich in seinem Artikel noch einen weiteren Grund, warum ein Mann eine Frau nicht zum zweiten Mal um eine Verabredung bittet. »Ein Mann (beschließt vielleicht), eine Beziehung, bei der ihm etwas gefehlt hat, in barmherzigem Schweigen untergehen zu lassen.«

Das sieht ja so aus, als würden Jeannes Ängste – und die anderer Frauen – bestätigt. »Es fehlt etwas! Mir fehlt irgend etwas!«

Aber gewöhnlich fehlt es der Frau nicht in der Weise an etwas, wie sie glaubt (wie z. B. sie sei nicht hübsch genug, nicht sexy, groß, klein usw. genug). Nach Aussagen von Männern, mit denen ich über diese Frage gesprochen habe, es »fehle« einer Frau an etwas, liegt das Problem in Wirklichkeit in ihrem Verhalten. Weil sie fürchtet, es könnte ihr mißlingen, ihn zu bezaubern, ihm zu gefallen, ihn zum Wiederkommen zu veranlassen, legt sie ein bestimmtes Verhalten an den Tag. Anders ausgedrückt, gerade daß sie sich auf seine Anerkennung verläßt, gerade daß es ihr nicht gelungen ist, in sich selber dieses hochwichtige Zentrum innerer Sicherheit zu schaffen, hat zur Folge, daß ihr »etwas fehlt«.

Eine Frau, die mir erzählt, sie fühle sich von einem Mann rundum abgelehnt, frage ich häufig um Erlaubnis, diesen Mann anzurufen und ihn zu bitten, mir seine Version der Geschichte zu erzählen. Die lautet oft, er habe irgendwie das Gefühl gehabt, daß die Frau nicht ganz dagewesen sei. Oder, wie Larry es formulierte, als ich ihn anrief und fragte, weshalb er Jeanne nicht wieder eingeladen habe: »Sie war nicht wirklich dabei. Sie hat sich irgendwie herausgehalten, als wir zusammen waren. Ich hatte nicht das Gefühl, daß sie sich wirklich für mich interessiert. Ich meine, ich weiß, daß sie mich mochte – aber es kam mir so vor, als würde sie eine Schau abziehen, weil sie dem, was ich sagte, nicht aufmerksam zugehört hat. Sogar als wir miteinander geschlafen haben, war sie für mich irgendwie weit, weit weg.«

So verlor Larry, der sich ursprünglich sehr für Jeanne interessiert hatte, das Interesse an ihr. Jeanne, die wie viele andere Frauen verzweifelt darauf aus war, sich einen Mann zu angeln, verlor ihr Spiel, weil sie sich in ihrem ängstlichen Bemühen um Larry in dieses »Weit-weg-Sein« brachte.

Was in ihrem Kopf vor sich ging und sie so abwesend erscheinen ließ, war das Grübeln über all ihre festen Vorstellungen, darüber nämlich, wie sie handeln und sein sollte: »Ich hätte mehr Make-up auflegen sollen« oder »Ich bin zu dick« oder »Wenn mir doch bloß irgendwas Geistreiches eingefallen wäre, womit ich das Gespräch hätte in Gang halten können.«

Wäre Jeanne in sich selbst sicher gewesen und hätte sie nicht von Larry erwartet, ihr Sicherheit zu geben, wären ihre Wünsche vielleicht tatsächlich in Erfüllung gegangen. Der Telefonanruf. Die nächste Verabredung. Vielleicht eine Beziehung. Aber Jeanne ging leider nach der festen Vorstellung Nr. 3 vor: Gutes Aussehen *soll* von höchster Bedeutung dafür sein, einen Mann zu bekommen und ihn zu halten. Deshalb ist sein sexuelles Interesse an mir die einzige Möglichkeit, wie ich jenes »Filmstar«-Gefühl bekommen kann, schön, begehrenswert, bezaubernd, wertvoll zu sein.

Jeanne hatte dieses »Filmstar«-Gefühl so nötig, und sie war sich ihrer »Mängel«, die Larry hindern könnten, es ihr zu verschaffen, so sehr bewußt, daß sie sich tatsächlich für ihn unattraktiv machte.

Aber es war nicht ihr Übergewicht von fünf Pfund, was ihn

abstieß. Und es war nicht der Pickel. Und es war nicht ihr Make-up.

Es war ihre Einstellung, die den »Fehler« ausmachte. Wenn man mit seinem Körper zufrieden ist – oder wenn es einem zumindest gelingt, sich nicht über jeden wirklichen oder eingebildeten Mangel aufzuregen – braucht man für sein Geltungsbewußtsein nicht das sexuelle Interesse eines Mannes. Und diese selbständige Haltung gibt einem ganz unerwartet die Freiheit, sich stärker für einen Mann zu interessieren und so auch interessanter für ihn zu werden – anders ausgedrückt, attraktiver zu sein.

Um in bezug auf die eigene Erscheinung selbstbewußter zu werden, um diesen Aspekt des eigenen Zentrums innerer Sicherheit auszubauen, muß man verstehen, woher die Unsicherheit darüber kommt. Für das Gefühl einer Frau, sie sei unattraktiv, wie schön sie auch sein mag, gibt es viele mögliche Gründe. Der verbreitetste ist einfache Geschwisterrivalität. Die Betreffende hat vielleicht eine Schwester oder einen Bruder gehabt, die oder der als die »Schönheit« der Familie galt, oder einfach jünger war. Einem Baby schenkt man immer viel mehr Beachtung als einem größeren Kind. Das ältere Kind interpretiert diese Beachtung dann so, als bedeute sie, das Baby sei hübscher und finde bei allen mehr Anklang. Daher fühlen sich ältere Geschwister von dem Moment an unsicher, in dem das Baby auf der »Bühne« erscheint.

In der Kindheit erlittene Kränkungen können dem Selbstbild ebenfalls schweren, lange andauernden Schaden zufügen. Manche Menschen ringen ihr Leben lang darum, sich von dem Leid zu befreien, das Schulhof-Sticheleien oder Spitznamen für sie bedeutet haben, mit denen man sich über irgendeinen Aspekt ihres Äußeren lustig gemacht hat.

Außerdem legt uns unsere Kultur alle möglichen Barrieren in den Weg, die uns daran hindern, in bezug auf unsere Erscheinung Selbstbewußtsein zu entwickeln. Erstens einmal bringt jedes Jahr ein neues Frauenideal hervor. In den letzten Jahren haben sich viele meiner Patientinnen im Vergleich zu Farrah Fawcett jämmerlich unzureichend gefühlt. Dann kam Suzanne Somers. Dann

Bitte kreuzen Sie die Gebiete an, die Sie besonders interessieren:

A ☐ Psychologie/Lebenshilfe

B ☐ Esoterik/Neues Bewußtsein

C ☐ Theologie/Religion

Die Sendungen richten Sie bitte an folgende Anschrift:

Vorname /Name oder Institution

Straße und Hausnummer

PLZ/Wohnort

Beruf

Diese Karte entnahm ich dem Buch:

Liebe Leserin, lieber Leser,

das Programm des Kösel-Verlages ist breit gefächert und reicht vom religiösen Buch bis zur Literatur zu allgemeinen Themen unserer Zeit. Wir unterrichten Sie in Zukunft gern und regelmäßig über Neuerscheinungen auf dem Gebiet, das Sie persönlich besonders interessiert. Bitte füllen Sie diese Karte aus und schicken uns diese baldmöglichst zurück. Wir berichten Ihnen dann unaufgefordert jeweils im Frühjahr und Herbst über unsere neuen Bücher.

Mit freundlichen Grüßen

Kösel-Verlag
Information und Beratung

Dieter Amman

Dieter Amman

Bitte als
Postkarte
frankieren

Antwort

An den

Kösel-Verlag
Information und Beratung

Flüggenstraße 2

8000 München 19

Bo Derek, die perfekte »Zehn-Punkte-Frau«, deren Allgegenwärtigkeit in den Medien Patientinnen tatsächlich veranlaßte, sich bei mir zu beklagen, sie seien »nur eine Sieben« oder »neben ihr bin ich nur eine verdammte Zwei«. Mir hat Bette Midlers Selbsteinschätzung gefallen, die im Jahr des Films »Die Traumfrau« veröffentlicht wurde. Als Barbara Walters sie fragte, welchen Platz auf der Skala von eins bis zehn sie sich selber zuteilen würde, sagte Bette Midler: »Fünfundfünfzig«! Ich wollte, mehr Frauen hätten eine solche Einstellung zu sich selbst.

Abgesehen davon, daß man mit den scheinbar makellosen Filmstar- und Fotomodell-Vorbildern konkurrieren muß – ebenso wie man mit der allgemeinen Überbetonung von Jugend und Schönheit in der Gesellschaft zurechtkommen muß – werden Frauen verleitet, ihr eigenes Aussehen nach unzusammenhängenden Einzelheiten zu beurteilen. Das ist in Wirklichkeit der Kern des Problems. In Kosmetikanzeigen wird gewöhnlich für ein Produkt geworben, das für einen Teil des Gesichts oder des Körpers gut sein soll. Ein bestimmter Lidschatten soll z. B. die Augen der Trägerin unvergeßlich machen. Ein bestimmter Lippenstift macht den Mund »üppig«, besonders, wenn man lernt, ihn richtig aufzutragen und dadurch die unvorteilhafte Form des eigenen Mundes zu korrigieren. Wenn man das Soundso-Shampoo benützt, wird das Haar dicker oder glänzender oder gesünder oder befreit von den peinlichen Schuppen. Kein Wunder, daß das Selbstbild vieler Frauen, wollte man es in Öl malen, einem kubistischen Gemälde gleichen würde.

An einem Tag fühlen Sie sich vielleicht abstoßend, weil Sie vergessen haben, sich die Beine zu rasieren und von den Knien bis zu den Knöcheln einen »Fünfuhr-Schatten« an sich haben. Am nächsten Tag haben Sie einen Ausschlag im Gesicht. Die Leute zeigen auf der Straße nicht gerade mit dem Finger auf Sie, aber Sie fühlen sich so, als täten sie's. Der Ausschlag könnte genausogut in Leuchtfarben aufgemalt sein. An einem anderen Tag haben Sie's vielleicht mit Ihren Augen, weil sie zu nah beieinander stehen, mit Ihrer krummen Nase, mit Ihren Zähnen,

die nicht ganz perlengleich sind, mit Ihrer extremen Körpergröße, mit den zu breiten Hüften, mit den zwei Pfund »zuviel« um die Taille, mit einer neuen Falte im Gesicht.
So viele meiner Patientinnen machen sich Sorgen um ihre Einzelbestandteile, anstatt sich selber einfach als ganzheitliche, integrierte Menschen zu sehen.
Wäre es nicht besser, anstatt sich über echte oder eingebildete Mängel hier oder dort aufzuregen, die Haltung einzunehmen: »Ich bin ich – und das, was zählt, ist mein Wesen, mein ganzes Selbst.«
Als Leonardo da Vinci die *Mona Lisa* malte, fing er das Wesentliche an der Persönlichkeit dieser Frau ein. Millionen von Menschen haben die Mona Lisa betrachtet und waren von ihrer großen Schönheit tief beeindruckt. Keiner bleibt stehen und sagt: »Das Lächeln der Mona Lisa ist nicht breit genug. Ihre Augen sind nicht groß genug. Diese Frisur schmeichelt ihr nicht.« Wir betrachten das Gemälde nicht auf diese Weise. Wir reagieren auf das zum Vorschein kommende Wesen dieser Frau, das etwas Geheimnisvolles, etwas Liebenswürdiges, etwas unbedingt Faszinierendes ist.
Um die Wahrheit zu sagen: Die Männer schauen sich die Frauen gewöhnlich auch nicht in Einzelheiten an. Sie nehmen normalerweise die Unvollkommenheiten in diesem oder jenem Körperteil einer Frau nicht wahr – Unvollkommenheiten, die die Frau völlig durcheinanderbringen und ihr Verhalten so zerstreut wirken lassen!
Männer suchen bei Frauen nicht in jedem Fall körperliche Vollkommenheit. Es fallen ihnen vielleicht die Augen aus dem Kopf, wenn sie eine tolle Frau sehen – aber Frauen geht es da nicht anders, auch wenn sie sich nur mit ihr vergleichen und herausfinden wollen, was sie so toll aussehen läßt. Ich bin zu dem Schluß gekommen, daß für Männer, die mit Frauen zusammensein wollen, vielleicht sogar ein Leben lang, Schönheit nicht ausschlaggebend ist. Es ist mir nämlich schon oft aufgefallen, daß sich für eine Frau, die bei weitem keine »zehn Punkte« erreicht, die Männer scharenweise interessieren. Ich habe zur Zeit eine

Patientin, die ich ganz bestimmt nicht als schön oder auch nur als hübsch bezeichnen würde. Sie ist etwas übergewichtig und hat ein harmloses Gesicht, aber sie wird kaum mit all der Beachtung fertig, die die Männer ihr schenken. Das hat einen ganz einfachen Grund. Sie hat Freude am Leben und an anderen Menschen. Sie sorgt sich nicht darum, was man über sie denkt, wie man sie sieht, und daß sie immer daran denken muß, sich stets von links anschauen zu lassen, weil ihr Profil von links besser aussieht als von rechts. Sie ist vielmehr ganz damit beschäftigt, sich auf andere Menschen zu konzentrieren und sich ganz und gar in jede Beziehung und in jede Situation hineinzustürzen. Und das teilt sich den anderen mit. Das ist schön – viel schöner als eine vollendet symmetrische Nase im Gesicht einer bekümmerten, verdrossenen, mit sich selbst beschäftigten unsicheren Frau.
Wenn Sie mit sich selbst zufrieden sind, wenn Sie sich in Ihrer Haut wohlfühlen, wird diese Eigenschaft in Ihrem Gesicht und in der Art zutage treten, wie sie gehen, reden und sich auf andere Menschen (nicht nur Männer) einlassen. Nichts ist attraktiver, als wenn man sich selber gut leiden kann. Ich meine nicht, daß man eingebildet oder narzißtisch ist. Ich rede vom Einklang mit sich selbst, der zustandekommt, wenn man sich bemüht, jenes bruchstückhafte Selbstbild loszuwerden, das einen zwanghaft versuchen läßt, diesen oder jenen Teil der eigenen Person aufzupolieren, damit man irgendeines Mannes würdig wird, der dann bewirkt, daß man sich attraktiv vorkommt.
Nur Sie selbst können sich ein positives Selbstbild verschaffen. Kein Mann, und mag er noch so eifrig behaupten, bis über beide Ohren verliebt zu sein, kann Ihnen dies letzten Endes abnehmen. Wenn ein Mann für eine sehr unsichere Frau sexuelles Interesse bekundet, kommt sie oft zu dem Schluß, mit *ihm* müsse etwas nicht in Ordnung sein! Oder – falls sie sich spontan einigen – sie macht ihn schließlich kopfscheu mit ihren andauernden Forderungen nach Beruhigung durch Geschlechtsverkehr oder durch verbale Beteuerungen seines fortbestehenden sexuellen Interesses.
Man kann natürlich durch das sexuelle Interesse, das einem ein

Mann entgegenbringt eine plötzliche Steigerung des Selbstvertrauens erleben – aber im Grunde muß die Sicherheit, die man sucht, von innen heraus kommen, wenn man sich auf Dauer liebenswert fühlen möchte, ob man nun einen Liebhaber hat oder nicht.

Wir haben nun gesehen, was für ein Trugschluß es ist, wenn man gemäß der Voraussetzung handelt, man brauche als Frau die Sexualität (d. h. einen Mann), um sich begehrenswert zu fühlen und – sobald eine emotionale Bindung zustandegekommen ist – gegen den Horror des Single-Daseins gefeit zu sein. Wir haben auch gesehen, daß ein gesundes Ich sich ohne Hilfe eines Mannes nähren kann.
Einige Patientinnen würden aber an dieser Stelle, (da sie sich an die feste Vorstellung Nr. 4 klammern) einwenden, »Ich brauche trotzdem einen Mann zum Sex – auch wenn es keine Love-Story ist. Sex ist lebenswichtig, wie Essen.« In Wirklichkeit ist Sex aber nicht ebenso wichtig wie Essen. Viele Menschen – Männer wie Frauen – können lange Zeit, Monate und sogar Jahre, ohne Sex auskommen, und tun es auch – manchmal aus freiem Willen (weil z. B. ihre Karriere all ihre Kräfte beansprucht), und manchmal in Ermangelung eines passenden Partners. Das Wort »passend« ist hier der Schlüssel. Man könnte statt dessen auch »wertvoll«, »begehrenswert« oder ein beliebiges anderes Adjektiv einsetzen, so lange es nur positiv ist. Es ist *keineswegs* so, daß irgendein Mann besser ist als kein Mann. In dem Film *»Eine entheiratete Frau«* geht die Frau (dargestellt von Jill Clayburgh), nachdem ihr Mann sie verlassen hat, mit dem geilen Typen, der sie verfolgt, ins Bett, nur um Liebe zu machen – mit irgendeinem Kerl, einem Männchen. Der Zuschauer könnte gut und gern folgern, sie wäre wahrscheinlich besser dran gewesen, wenn sie zuhause geblieben wäre und ein gutes Buch gelesen hätte, in ein Konzert gegangen wäre, oder eben masturbiert hätte. Aber nur allzu viele Frauen bestehen darauf, daß Sex mit einem Mann die großartigste Unterhaltung und bei weitem allem vorzuziehen ist, was sie für sich allein unternehmen könnten: lesen, ins Konzert

gehen oder – ganz besonders – masturbieren. Zwar glauben heute nur noch wenige Frauen, vom Masturbieren könne man blind werden oder Warzen bekommen, aber man würde ihnen nie ein derart fortschrittliches Denken zutrauen, wenn man wie ich erlebt, wie sie erröten und die Augen niederschlagen, sobald ich ihnen gegenüber dieses Thema erwähne.

Diese Hemmungen, über Masturbation zu reden, geschweige denn, zu masturbieren, rühren gewöhnlich nicht von Schuldgefühlen her. Manchen Frauen ist es peinlich, weil sie, wenn sie es tun, davon ausgehen, sie seien bei Männern nicht so erfolgreich, wie sie es sein sollten. Sie glauben, es sei dumm und unnütz, zu masturbieren, da die Masturbation nicht als ebenso befriedigend gilt wie der Geschlechtsverkehr mit einem wirklichen lebendigen Mann.

Eine meiner Patientinnen bemerkte dazu: »Ich mag den Orgasmus, den mir ein Mann verschafft, lieber als das, was ich selber für mich tun kann.« Man beachte ihre Formulierung: »Den Orgasmus, den mir ein Mann *verschafft*«.

Wenn Sie mit einem Mann schlafen, kommt es aber in Wirklichkeit nicht nur deshalb zu Ihren Orgasmen, weil sich der Mann auf eine bestimmte Weise bewegt oder bestimmte Zonen berührt, sondern weil Sie in Ihrem Kopf den Orgasmusknopf gedrückt und Ihren Höhepunkt zugelassen haben. Es ist eine physiologische Tatsache: Wenn Sie im Kopf mit etwas anderem beschäftigt, wenn Sie wütend sind, an unbezahlte Rechnungen denken oder einfach keine Leidenschaft empfinden, kann der Mann alle erdenklichen Tricks anwenden, und Sie werden trotzdem nicht zum Orgasmus kommen.

Sie brauchen nicht unbedingt einen Mann, um einen *richtigen* Orgasmus zu haben. Objektiv gesehen, fühlt sich der Orgasmus, den Sie sich selber verschaffen, genausogut an. Sie ziehen den Sex mit einem Mann vielleicht dem einsamen Sex vor – aber nicht, weil der Mann unentbehrlich wäre. Sie haben sich vielmehr durch eine Gehirnwäsche selber dazu gebracht, zu glauben, er sei unentbehrlich.

Auf demselben Wege können Sie sich aber auch von dieser

speziellen Indoktrination wieder befreien. Denn was ist, wenn Sie gerade auf dem Trockenen sitzen? Oder wenn Ihre Liebhaber in der letzten Zeit lauter Versager waren? Oder wenn Ihr Mann, falls Sie verheiratet sind, sich um sein der Pleite zutreibendes Geschäft soviel Sorgen macht, daß auch Ihr Sexualleben eine Pleite ist?

Eine wachsende Anzahl meiner Patientinnen, die in ähnlichen Situationen sind, macht eine wunderbare Entdeckung.

Nehmen wir z. B. Jane, die zwar gelegentlich Angst hatte, so zu enden wie die Frau in *»Auf der Suche nach Mr. Goodbar«,* es sich aber trotzdem zur Gewohnheit gemacht hatte, ihre »sexuellen Bedürfnisse« mit Männern zu befriedigen, die sie in Bars und anderswo auflas. Sie verglich den Sex mit diesen Typen einmal mit dem Besuch beim Zahnarzt. »Wissen Sie, eigentlich tu' ich es gar nicht gern. Aber ich *muß* es machen. Es hält mich gesund.«

Jane fand nicht, daß sie promiskuös sei. »Ich bin sehr wählerisch«, sagte sie. »Ich schlafe nur mit Männern, die wirklich gut aussehen und mindestens die mittlere Reife haben.« Während Jane sich von einer schlimmen Grippe erholte und zu schwach für Geselligkeiten war, dachte sie ernsthaft über sich nach. »Ich hab' mal nachgedacht, was mir meine sexuellen Erlebnisse eigentlich gebracht haben, und die Antwort war – nichts, meistens nicht einmal momentane Befriedigung. Mir ist klar geworden, daß ich meistens mehr davon haben würde, wenn ich vor dem Fernseher säße.«

Monatelang ging Jane nicht mehr mit einem Mann aus. »Ich war wirklich abstinent – und ich hab' entdeckt, daß ich deswegen nicht krank oder verrückt geworden bin. Meine Vagina ist nicht ausgetrocknet. Wenn ich jetzt ausgehe, tu' ich es, weil ich es will, und nicht, weil ich mir einbilde, ich bräuchte es. Ich tu' es aus freiem Willen, nicht aus Verzweiflung. Und wenn ich mit einem Mann schlafe, hab' ich mehr davon – ich tu' es nämlich aus einem echten Bedürfnis heraus, und nicht, weil ich die fixe Idee hab', daß es mich gesund erhält, meine Einsamkeit erträglicher macht oder mir Anerkennung bringt.«

Jane hat andere Möglichkeiten gefunden, Spaß zu haben und Halt zu finden; sie glaubt nicht mehr, nur ein Mann könne ihr das geben. Viele meiner anderen Patientinnen haben denselben Weg eingeschlagen. In den folgenden Kapiteln wollen wir uns diese Alternativen genauer ansehen.

IV Lernen, gern allein zu sein

»Ich will nicht allein sein!« sagen viele meiner Patientinnen zu mir, wenn sie mir erklären, warum eine Beziehung zu einem Mann für ihr Wohlbefinden so entscheidend ist.
Ich zögere nicht, ihnen klarzumachen, daß es keine Garantie gegen das Alleinsein ist, wenn sie einen Mann haben, der sie liebt. Selbst wenn der Mann mit ihnen zusammenlebt, werden sie immer auch zeitweise allein sein. *Das* kann ich garantieren!
Einige der einsamsten Menschen, die ich kenne, sind verheiratet. Nichtsdestoweniger sehen die Alleinstehenden unter meinen Patientinnen die Ehe meistens als Allheilmittel für die Einsamkeit an. Meine verheirateten Patientinnen haben im allgemeinen schreckliche Angst, ihren Partner zu verlieren, denn das bedeutet für sie die Aussicht auf absolute, hoffnungslose Einsamkeit.
So manche verheiratete Frau hat mir anvertraut: »Hoffentlich sterbe ich *vor* ihm.« Das entspringt keineswegs einer edlen, selbstlosen Haltung. Es bedeutet nicht: »Oh, das Leben ist so herrlich! Ich hoffe wirklich, daß er es noch länger genießen kann als ich!« In Wirklichkeit bedeutet es nämlich: »Es wäre mir lieber, wenn er die Qualen der Einsamkeit aushalten müßte, und nicht ich!«
Ich halte nicht viel von romantischen Liebesbeteuerungen wie z. B. »Wenn Dir etwas passiert, Liebling – o Gott, nein! – ich könnte ohne Dich nicht leben!« Solche Äußerungen entstammen für mich nicht so sehr der Liebe zum Partner, als vielmehr einem Mangel an Liebe zu sich selbst.
Man könnte genausogut sagen: »Ich halte es einfach nicht aus, alleine zu leben; drum ist es so schön, daß Du bei mir bist und mich ab und zu unterhältst.« Nur klingt das natürlich nicht annähernd so romantisch, so schmeichelhaft und überzogen; es gibt *ihm* auch nicht das Gefühl, er sei – gleich nach ihrem Herzen

und anderen lebenswichtigen Organen – das einzige, was sie am Leben erhält.
Obwohl viele Frauen glauben, ihre Probleme mit der Einsamkeit wären ein für allemal gelöst, wenn ihnen nur ein Mann über den Weg laufen und eine Hauptrolle in ihrem Leben spielen würde, ist diese Grundannahme einfach nicht wahr. Mit der Einsamkeit muß sich jeder Mensch auseinandersetzen.
Alleinstehende Frauen müssen erkennen, daß ihnen ein Mann die Erfahrung der Einsamkeit nicht ersparen wird. Frauen, die mit Männern zusammenleben, müssen sich mit der Tatsache abfinden, daß diese Männer nicht ihre ganze Zeit und Kraft erübrigen können, um sie vor dem Gefühl innerer Leere zu bewahren.
Außerdem müssen sich Frauen, die einen festen Partner haben, klar darüber sein, daß sie allein leben können *müssen,* sollte der Tod des Partners oder eine Trennung oder irgendein anderer Grund der Beziehung ein Ende setzen – und daß ihr Leben in der Tat auch ohne Mann gelingen kann.
Ehe wir diesen angeblich schrecklichen Zustand – das Alleinsein – untersuchen und hoffentlich nachweisen, daß er Ihnen in Wirklichkeit nur den Schrecken einjagt, den Sie ihm zuschreiben, wollen wir die weitverbreitete Annahme überprüfen, die Männer hätten magische Kräfte, die die Frauen vor Einsamkeit schützen.
Claire, die 32 Jahre alt und seit sieben Jahren verheiratet ist, war fest davon überzeugt, als sie zu mir in die Therapie kam. Claire ist Sozialarbeiterin, und ihr Mann Max ist Arzt. Claire schätzt ihre Arbeit und die Möglichkeiten, die sie dort hat, anderen Menschen zu helfen, aber die Zeit, die sie mit Max verbringt, genießt sie noch mehr.
Nach einigen Sitzungen mit Claire wurde mir deutlich, daß sie in erster Linie Max' Ehefrau und erst in zweiter eine akademisch ausgebildete Sozialarbeiterin ist. Jeden Abend sitzt sie mit Max vor dem Fernseher oder sie gehen mit gemeinsamen Freunden aus (mit Paaren, aus denen ihr »Kreis« besteht).
Ich fragte Claire, ob sie am Wochenende jemals mit einer Freundin zum Einkaufen oder zum Essen geht, und sie betonte,

an Samstagen und Sonntagen tue sie nie irgend etwas ohne Max. »Wir sind sowieso so wenig zusammen«, sagte sie. »Er arbeitet oft länger als ich. An Wochenenden können wir endlich einmal zusammensein. Ich würde nie etwas tun, was das beeinträchtigt.«

Ich fragte Claire, ob sie jemals ohne Max verreist sei, zum Beispiel, um an einer Konferenz mit Kollegen teilzunehmen, und sie erwiderte, sie habe es nicht nur nie getan, sondern auch niemals daran gedacht.

Sie werden sich vielleicht fragen, warum Claire – da sie doch eine so idyllische Beziehung hatte, daß sie sich nicht vorstellen konnte, sich auch nur einen Nachmittag für sich allein freizunehmen – bei einer Therapeutin Hilfe suchte. Das tat sie, weil sie unglücklich war. Sie wußte nicht, warum. Sie konnte ihr Unglücklichsein auch nicht näher beschreiben. Sie litt einfach an einem vagen Gefühl der Leere, an einer entnervenden Furcht, deren Ursprung manchmal unklar, ein andermal deutlich als Vorahnung eines zukünftigen Schocks zu erkennen war. »Was ist, wenn Max etwas passiert?« oder »was ist, wenn Max mich eines Tages nicht mehr liebt?« Ich fragte Claire, was für Interessen sie außer ihrer Arbeit noch habe. Es stellte sich heraus, daß sie Bridge spielte, auf dem kleinen Boot segelte, das Max vor kurzem gekauft hatte und in jüngster Zeit angefangen hatte, zu fotografieren.

Aber Claire – und darauf kommt es an – hatte gar keine Vorliebe für Bridge, Segeln oder Fotografieren. Das waren in Wirklichkeit Max' Hobbys. Max gab sich diesen drei Tätigkeiten mit Leidenschaft hin. Er redete Claire zu, sich auch mit diesen Dingen zu beschäftigen – und er brauchte ihr nicht lange zuzureden, denn nach ihrer Meinung ist es für die Erhaltung einer Ehe unerläßlich, daß die Frau sich die Interessen ihres Mannes zu eigen macht.

Claires Anschauung ist die moderne Version der alten Technik des Anfeuerns. Früher einmal glaubten die Ehefrauen, sie könnten ihre Männer glücklich machen, indem sie enorme Begeisterung für ihre Hobbys und Zeitvertreibe – und vor allem auch für ihr berufliches Fortkommen – an den Tag legten und sich so die

Treue ihrer Ehemänner erhalten. Heutzutage übernehmen viele Ehefrauen die Hobbys ihrer Männer, anstatt nur neben ihnen zu stehen und sie anzufeuern.

Claires Leben beschränkt sich darauf, daß sie sich nach ihren festen Vorstellungen richtet und gegen ihre Befürchtungen ankämpft:

1. Die gute Ehefrau *soll* sehr viel mit ihrem Mann gemeinsam haben und all seine Interessen teilen.
2. Ist das nicht der Fall, sind viele andere Frauen dazu bereit, und er könnte sich eines Tages in eine von ihnen verlieben. Und dann –
3. »... werde ich ihn verlieren. Ich werde allein sein.«

Natürlich beruht Claires Standpunkt auf der unverrückbaren Annahme, der Ehemann *solle* das Leben seiner Frau mit Sinn erfüllen und sie davor bewahren, sich jemals lustlos und gelangweilt zu fühlen.

Es dauerte eine Weile, Claire davon zu überzeugen, daß dieser Standpunkt, unverblümt gesagt, etwas kleinkindhaft war. Ich sagte zu ihr: »So wie Sie denken, *soll* ihr Leben in der Weise ablaufen, daß Max Ihnen stets die Langeweile vertreibt, Hobbys für Sie aussucht und Ihnen hilft, sich darin zu vervollkommnen. Es ist, als seien Sie ein kleines Mädchen, dem Max fortwährend unters Kinn faßt, den Schnuller vor der Nase tanzen läßt, dem er schön tut und mit gutem Zureden das Lesen beibringen will!«

Schließlich fing Claire an zu begreifen, daß Max ebensowenig an ihrer Unzufriedenheit schuld war, wie er verpflichtet war, sie glücklich zu machen. Sie gab sich selbst und dann Max gegenüber zu, daß sie in ihrer freien Zeit sehr viele andere Dinge lieber täte als Bridge zu spielen, zu segeln und zu fotografieren.

Nach einigem Nachdenken wurde ihr klar, daß sie wirklich gern malen wollte. Sie wollte ihr Französisch vervollkommnen und dann andere Sprachen lernen. Sie hatte immer gern Tennis gespielt, es aber aufgegeben, weil Max es langweilig fand.

Dies alles mag vielleicht so klingen, als sei die Lösung so etwas wie eine bittere Pille mit Zuckerüberzug – aber die Lösung, die

ich vorschlage, besteht nicht darin, daß die Frau sich ein Hobby sucht, dem ihr Partner nichts abgewinnen kann.
Die Lösung liegt in ihrer Einstellung. Anstelle der Haltung: »Wenn er zufrieden ist, bin ich auch zufrieden«, schlage ich das Motto vor: »*Mir* muß es Spaß machen«. Aber nicht: »*Mir* muß es Spaß machen – und wenn die Welt untergeht.«
Sie und ihr Mann können gemeinsame Vorlieben haben. Claire und Max arbeiten z. B. gern im Garten. Das haben sie immer zusammen gemacht; es gibt keinen Grund, warum sie es nicht weiterhin tun sollten. Ja, ich empfehle es ihnen sogar sehr. Aber Claire nimmt sich von nun an die Freiheit, anstatt sich in jeder Hinsicht Max' Plänen anzuschließen, selbständig etwas zu unternehmen und sich dadurch selbst zu verwirklichen. Von Zeit zu Zeit gesellt sie sich zu der Bridge-Runde, einfach um der Geselligkeit willen oder wenn Max und die Mitspieler einen Vierten brauchen. Sie geht auch mit zum Segeln. Sie folgt Max aber nicht mehr sklavisch wie ein Schatten vom Bridge zum Segeln zur Fotosafari (oder, was das angeht, zur Fotoausstellung).
Claire geht wirklich nicht mehr davon aus, es würde ihre Beziehung unterhöhlen, wenn sie ganz sie selber ist – und darin so weit geht, auch einmal eine Weile ohne Max zu sein, selbst wenn er gerade nicht arbeitet. Sie erkennt, daß ihr kleiner »Urlaub vom anderen Ich« – zum Beispiel das Einkaufen am Samstagnachmittag mit Freundinnen – Max nicht in die Arme einer anderen treiben wird.
Sie erkennt vor allem, daß sie ihr Potential als Individuum nicht ausschöpfen kann und sogar das Potential ihrer Beziehung lahmlegt, wenn das alle Tage vorherrschende Gefühl Angst ist, und wenn sie ständig mit der Frage »Was ist, wenn . . .?« beschäftigt ist, vor allem mit »Was ist, wenn er mich verläßt?«
Im psychischen Bereich ist diese Panik bei dem Gedanken, ihn zu verlieren, dasselbe wie Fußfesseln im physischen Bereich. Man kann nicht an seine eigenen Tiefen herankommen und nicht zulassen, daß alles, was in einem selber einzigartig ist, zur Blüte kommt. Statt dessen wendet man all seine Zeit, Kraft und Phantasie dafür auf, das Anhängsel eines anderen zu sein.

Aber die Angst, »ihn« zu verlieren, ist nicht der einzige Grund, warum Frauen in einer Beziehung auf einen so großen Teil ihrer selbst verzichten. Es geschieht noch etwas anderes, etwas Ungreifbareres. Da ist noch eine tieferliegende Angst: »Was ist, wenn ich in mich selbst hineinhorche und entdecke, daß ich überhaupt keine Interessen habe, die mit den seinen vereinbar sind, daß ich nicht mit ihm zusammenleben sollte, daß der einzige Grund, warum ich mit ihm zusammenlebe, die Angst vor dem Alleinsein ist und daß ich trotz unseres gemeinsamen Besitzes und unserer Kinder wahrscheinlich ohne ihn glücklicher wäre?«

Ich habe mehrmals Frauen beraten, die Angst hatten zuzugeben, was sie wußten, die nicht sehen wollten, wie realistisch ihre Vermutungen waren. In diesem Zustand leisteten sie der Beziehung weiter Erste Hilfe, existierten anstatt zu leben und brachen nicht aus einer Situation aus, von der sie tief im Inneren fühlten, daß sie eigentlich nicht zu ihnen paßte oder nicht war, was sie sich wünschten. Denn die Alternative – auch nur so lange allein zu sein, bis sie einen neuen Mann gefunden hätten – erschreckte sie zu sehr.

Als Joan zu mir in die Therapie kam, war sie 38 und seit 15 Jahren mit Howard verheiratet. Sie kannten sich aber schon seit mindestens 25 Jahren. Während der Schulzeit waren sie ab und zu miteinander ausgegangen; am College wurde ihre Beziehung beständiger. »Ich habe sehr wenig Erfahrungen mit anderen Männern gemacht; ich meine, es war alles nichts Ernsthaftes«, sagte Joan. »Ich hab' mich ab und zu mit anderen verabredet und wohl mal auch eine Nacht mit jemand anders verbracht, wenn Howard und ich böse aufeinander waren, aber ich habe eigentlich nie eine Beziehung zu einem anderen gehabt.«

Als Joan zu mir kam, klagte sie über ständige Depressionen. »Und ich habe gar keinen Grund, depressiv zu sein«, sagte sie. Sie schilderte ihren eleganten Lebensstil – Howard war ein äußerst erfolgreicher Industrieanwalt –, das ultramoderne Haus in einem Vorort, das in einer italienischen Design-Zeitschrift vorgestellt worden war, das Sommerhaus, den Maserati.

»Wissen Sie, wohin ich mit dem Maserati fahren darf?« fragte Joan. »Zum Supermarkt. Ins Einkaufszentrum. Manchmal träume ich davon, an einem Autorennen teilzunehmen. Oder ich sehe mich als weiblichen Stuntman in Hollywood. Was wäre, wenn ich ›Stuntfrau‹ geworden wäre? Oder ich stelle mir vor, Fotojournalistin zu sein und über El Salvador zu berichten. Ich beneide diese Fernsehreporter. Ich beneide Lois Lane, um alles in der Welt! Ist das nicht lächerlich?«

Wenn man sich Joans Geschichte vergegenwärtigte, war es keineswegs lächerlich. Journalistik war am College ihr Hauptfach gewesen, und vor ihrer Heirat hatte sie ein Jahr lang für eine Nachrichtenagentur gearbeitet. Seither hatte sie ihren Beruf nur gelegentlich als freie Mitarbeiterin bei der Lokalzeitung ausgeübt – »da habe ich über so aufregende Ereignisse wie z. B. ein Festessen der ›Junior League‹ oder Werbewochen von Einkaufszentren berichtet – ich komme anscheinend von diesen Einkaufszentren nicht los.«

Bis zum vergangenen Jahr, in dem Joans Tochter dreizehn wurde, brachte sie die meiste Zeit mit der Erfüllung ihrer Mutterpflichten zu. »Aber jetzt lebt Julie ihr eigenes Leben; sie ist eine richtige kleine emanzipierte Frau; sie lernt fleißig und macht in allen möglichen Clubs mit. Ihr normaler Tagesablauf macht mich schwindlig.«

Was Howard angeht, sagt Joan: »Na ja, wir lieben uns, aber wir haben uns auseinanderentwickelt. Unsere Gespräche sind größtenteils organisatorischer Art – ›Sollen wir uns neue Markisen für die Terrasse anschaffen?‹ – um solche Dinge geht es. Ich würde ihm meine verrückten Träume nicht erzählen, weil er mir sofort zustimmen würde. Sie sind verrückt. Vielleicht das Wichtigste, was wir nicht mehr gemeinsam haben, ist, daß er mit seinem Leben zufrieden ist. Ich bin's nicht; ich will mehr. Ich hätte viel mehr haben können.« Nach mehreren Sitzungen gestand sich Joan ein, daß ihr Howard in Wirklichkeit fremd geworden war und sie sich in ihrem Haus nicht mehr zu Hause fühlte; daß sie sich danach sehnte, wenigstens einen ihrer »verrückten Träume« in die Tat umzusetzen und wieder als Journalistin zu arbeiten. Sie hatte mit Howard darüber gesprochen, und er hatte ihr klargemacht, daß er keine berufstätige Frau wollte. Kurzum, Joan gab zu, daß sie sich scheiden lassen wolte – und es war das erste Mal, daß sie sich dies eingestand. Aber sie hatte alle möglichen Ausreden für die Aufrechterhaltung ihrer Ehe:

1. Eine Scheidung wäre für ihre Tochter eine schreckliche Belastung.
2. Ihre Eltern, die Howard gern hatten, würden wahrscheinlich nie wieder mit ihr reden.
3. Sich von Howard scheiden zu lassen, wäre ein Akt schierer Undankbarkeit – nach allem, was er für sie getan hatte.
4. Was ist, wenn ich als Journalistin keinen Erfolg habe? (Joan wollte keine »Wohlfahrtsempfängerin« sein und von seinen Alimenten leben.)

Aber alle diese Ausreden verschleierten den wirklichen Grund, weshalb Joan sich sträubte, sich mit dem Leben selbständig auseinanderzusetzen. Nach ihrem Gefühl war eine alleinstehende Frau bemitleidenswert. Eine Frau ohne Ehering war in ihren Augen auf jeden Fall gesellschaftlich diskriminiert. Alleinsein war für sie dasselbe wie Einsamkeit. Sie hatte das Alleinsein nicht »gelernt«.

Ich fragte Joan, ob sie sich jemals überlegt habe, wie lange sie als verheiratete Frau allein sei. Ihre Tochter Julie habe ihr eigenes Leben. Howard mache Überstunden.

»Ja«, sagte Joan, »aber ich weiß immer, daß sie nach Hause kommen. Ich fühle mich also niemals wirklich, endgültig allein. Aber selbst jetzt bin ich ab und zu einsam. Es gibt immer wieder so große Zeitspannen, in denen ich nichts zu tun habe, und da fange ich dann an tagzuträumen. Manchmal geh' ich ins Kino. Ich versuche, vor meinem Leben davonzulaufen – oder vielmehr vor mir.«

Joans Problem war viel komplizierter als das jener Frauen, die zu mir kamen, weil sie eine kurz dauernde, unfruchtbar gewordene Beziehung zu einem Mann beenden wollten und es aus Angst vor dem, was ihnen dann bevorstand – absolute Einsamkeit, in ihren Augen – nicht konnten.

Joan hatte viel zu verlieren: den komfortablen Lebensstil, den sie mitgeschaffen hatte, eine Gruppe von Freunden, die in ihr Howards Frau sahen, eine Identität, ein Gefühl der Zugehörigkeit, das sie gewöhnt war und das für ihr Selbstverständnis mehr bedeutete als alle materiellen Güter, mit denen Howard sie versah.

Als ich Joan bei der Bewältigung ihrer vermeintlich aussichtslosen Lage half, kamen immer wieder dieselben Themen auf wie in meinen Gesprächen mit Frauen, deren Beziehungen sich auf sie zerstörerisch auswirken. Tracy, deren Ehemann, ein Alkoholiker, sie häufig schlug, war ein extremes Beispiel für diesen Fall, in dem sich eine Frau an eine miserable Ehe klammert, weil sie überzeugt ist, es sei besser, mit irgendeinem Mann zusammenzuleben, als allein zu sein. Tracy war 24 Jahre alt, als sie die Therapie begann, und sie erzählte mir immer wieder, sie könne ihren Mann nicht verlassen, weil er sie »brauche«; nur sie könne ihm helfen. »Nicht *er* ist brutal«, behauptet sie. »Es ist der Sprit. Wenn er nüchtern ist, ist er lammfromm.« Auch hier war diese Einstellung eine Ausrede, ein Deckmantel für Tracys wirkliche Gefühle:

1. Eigentlich liebe ich ihn nicht mehr, aber...
2. Allein schaffe ich es nicht.

Sowohl Joan als auch Tracy mußten sich darüber klar werden, daß sie trotz ihrer Befürchtungen, was sie alles aufgeben müßten, wenn sie ihren eigenen Weg gehen würden, mehr verlieren würden, wenn sie alles beim alten ließen. Sie mußten lernen, das Alleinsein nicht länger als ein riesiges Vakuum irgendwo da draußen anzusehen, in dem sie haltlos schweben würden. Einer der Tricks, wie man mit dem Alleinsein fertig werden kann, ist, diesen imaginären leeren Raum mit Plänen, Unternehmungen und Zielen anzufüllen.

Ich wollte diesen Gedanken auf eine praktischere Ebene bringen und forderte Joan und Tracy auf, jeden Abend eine Liste mit ihren Vorhaben für den nächsten Tag zu machen. Schließlich gewöhnten sie sich beide an, nach einem vorgeplanten Tageslauf zu leben, anstatt jeden Morgen eine formlose Masse von Stunden

vor sich zu sehen, in denen sie gegen ihre Depression ankämpfen müßten, weil sie sonst nichts zu tun hätten. Beide Geschichten sind gut ausgegangen. Beide Frauen haben die Scheidung relativ unbeschadet überstanden. Joan zog wieder in ihre Heimatstadt Chicago und arbeitet bei einer Zeitung. Ihre Tochter Julie verbringt die Sommerferien bei ihr. Julie bleibt auf eigenen Wunsch während der Schulzeit bei ihrem Vater, so daß sie die Umgebung und die Freunde, an denen ihr etwas liegt, nicht verlassen muß. Füı Joan hat die Befriedigung, die sie ihrem neuen Leben und ihrer ›Selbständigkeit als Frau‹ abgewinnt, auch die Beziehung zur Tochter verbessert. »Julie achtet mich mehr. Wir haben jetzt viel mehr Gemeinsamkeiten. Wir sind genausogut Freundinnen wie Mutter und Tochter.«
Auch Tracy zog wieder in ihre Heimatstadt, Los Angeles. Sie wollte lieber eine eigene Wohnung haben, als bei ihren Eltern zu leben. Sie bereitet sich auf einen Abschluß als Fachkraft für kaufmännische Verwaltung vor und verdient sich ihren Lebensunterhalt als Sekretärin. Am Telefon sagte sie: »Manchmal sehne ich mich nach ein bißchen *Leerlauf* zwischendurch!« Tracys Mann, zu dem sie immer noch Kontakt hält, hat, man höre und staune, durch ihre Trennung einen solchen Schock davongetragen, daß er sich in eine Entziehungskur begeben hat. »Aber ich würde nie zu ihm zurückgehen«, sagt Tracy. »Er war für mich von Anfang an nicht der Richtige. Und am Schluß war er eigentlich nur noch ein Puffer gegen die Einsamkeit.« Keine der beiden Frauen wurde mit dem Alleinleben problemlos fertig. Joan verglich die Umstellung einmal mit der Raucherentwöhnung. »Zuerst hab' ich meine bequeme alte Rolle als Ehefrau wirklich vermißt; sie war eine Art schlechte Gewohnheit geworden, weil sie mich davon abhielt, ich selbst zu sein. Und ein andermal war ich fast außer mir vor Freude, weil ich die alte Rolle endlich los war. Aber man wird ausgeglichener, man akklimatisiert sich.
Es gibt jedoch Momente, besonders wenn ich auf der Straße oder im Restaurant oder sonstwo ein anscheinend glückliches Paar sehe, in denen ich das Verheiratetsein schmerzlich vermisse. Aber diese Momente gehen vorüber.«

Ich kann Ihnen sagen, und andere Frauen, die es erlebt haben, können es Ihnen auch sagen, daß das Alleinsein großartig sein kann. Es ist gewiß einer fruchtlosen Beziehung vorzuziehen; wenn sie eine Beziehung beenden, die sich aus irgendeinem Grund totgelaufen hat, und sich entschließen, allein zu leben, wird ihre Entwicklung zum reifen Menschen unbehinderter verlaufen. Was Sie vielleicht als großes Risiko ansehen, kann also der Mühe wert sein. Den Wert des Alleinseins muß aber jeder Mensch selber entdecken. Die gute Beziehung zu sich selbst, die echte Freude an der eigenen Person – die Voraussetzung für die Fähigkeit, das Leben allein oder zu zweit ganz auszukosten – kann man nicht über Nacht von sich fordern. Sie ist auch nicht durch irgendeinen therapeutischen Ritus zu erlangen, mag er von mir oder von jemand anders stammen.

Manche Menschen sind mit der angeborenen Fähigkeit begnadet, mit sich allein glücklich zu sein. Ich habe eine gute Freundin namens Angela; sie ist in den Fünfzigern und war nie verheiratet. Sie hat mehrere Dauerbeziehungen zu Männern gehabt und einmal beinah geheiratet. »Aber ich hätte zuviel aufgeben müssen«, sagt sie.

Angela hat ein eigenes Haus in San Francisco, das durch seinen viktorianischen Stil bezaubert und in dem jeder Quadratmeter ihren Geschmack widerspiegelt und von den Orten erzählt, in die sie auf ihren Reisen gekommen ist. In ihrem Beruf als Politmanagerin und Rednerin ist Angela viel auf Reisen.

»Aber sogar in San Francisco entdecke und lerne ich immer wieder Neues, als würde ich ständig auf neue Kulturen und Länder stoßen. Ich bin schon seit meiner College-Zeit politisch engagiert. Nun bringt mich meine Arbeit in all die verschiedenen Quartiere dieser wunderbaren Stadt. Immer wieder tauche ich in andere kleine Welten ein, lerne Menschen der verschiedensten Herkunft kennen, Menschen, denen Dinge am Herzen liegen, an die ich vielleicht nie gedacht hätte. Während ich mit ihnen arbeite und praktisch mit ihnen lebe, mache ich mir jedoch ihre Anliegen zu eigen.«

Angela sagt, sie fühle sich selten gelangweilt oder einsam –

»obwohl natürlich jeder diese Gefühle manchmal erleben muß. Und dann wurstelt man sich halt durch.«
Es hat jedoch eine Zeit gegeben, in der es Angela schwerfiel, sich »durchzuwursteln«.
»Ich hatte gerade, obwohl es mir sehr weh getan hat, eine für mich sehr wichtige Beziehung zu einem Mann beendet. Wir hatten zwei Jahre zusammengelebt. Er war jünger als ich. Aber es gab noch viele andere Gründe, warum es nicht gutgehen konnte. Ich wollte die Qualen nicht dadurch verlängern, daß ich mich noch mehr an ihn band und beschloß, ein Ende zu machen. Und dann starb ungefähr zur gleichen Zeit plötzlich meine Mutter, die mir sehr nahe stand.
Ich war bei einem Psychoanalytiker gewesen und hatte kurz vor all diesen Ereignissen die Analyse abgebrochen. Jetzt ging ich wieder zu ihm. Ich sagte ihm, ich fühle mich die ganze Zeit, als sei ich allein auf dem Gipfel eines Berges und es gäbe keine Möglichkeit, wieder herunter zu kommen. Er fragte mich nach Ted, meinem Freund. Ich sagte ihm, es sei vorbei. Dann fragte er mich nach meiner Mutter. Ich sagte ihm, sie sei gestorben.
Er sagte: ›Sie *sind* allein auf dem Gipfel eines Berges.‹ Das hieß, ich war gerechtfertigt in meinen Gefühlen der Isolierung, der Leere, des Alleinseins. Ich reagierte normal auf eine sehr reale Situation. Letzten Endes sind wir alle allein – und das wäre keine solche Binsenweisheit, wenn es nicht so wahr wäre.
Schon das *Wissen,* daß man in diesem letzten Alleinsein nicht allein ist, daß man es mit allen anderen Menschen teilt, trägt dazu bei, das Gefühl der Leere zu entschärfen.
Was mich aber nach dem Tod meiner Mutter und nach dem Abschied von Ted wirklich gerettet hat, war meine erweiterte Familie – wie ich diese Gemeinde bezeichne. Ich habe mich mit neuer Kraft in die Gemeinwesenarbeit gestürzt, nicht in eine neue Beziehung – und das war meine Rettung. In dieser Stadt ist so viel zu tun. So viele Menschen brauchen mich. Ich habe festgestellt, daß ich auf all die Leute in den verschiedenen Stadtteilen angewiesen bin und sie auf mich. Diese wechselseitige Abhängigkeit trägt mich ebenso gut wie jede Beziehung, die ich jemals zu

einem Mann hatte. Man ist nur so allein, wie man sein will. Da draußen ist eine ganze Welt – nebenan, an der nächsten Straßenecke, am anderen Ende der Stadt oder jenseits des Ozeans! Ist Mutter Theresa einsam? Ich bezweifle es. Ich will nicht jedermann empfehlen, hinauszugehen und die Welt zu retten. Aber wenn man auch nur ein kleines Stück von ihr rettet, rettet es einen vielleicht selbst!

Wie ich damit fertig werde, einfach allein in meinem Haus zu sein, und wie ich es vermeide, mir in meiner Einsamkeit leid zu tun? Einmal greife ich auf meine ›Datenbank‹ zurück. Ich habe ein reichhaltiges und ziemlich aufregendes Leben geführt. Ich umgebe mich mit Erinnerungsstücken aus jeder Phase, von jedem Aufenthalt. Wenn ich daran denke, wo ich überall gewesen bin und wen ich so kennengelernt hab', erlebe ich zu meinem Erstaunen alles noch einmal und sehe manches in neuem Licht. Es ist faszinierend – und eine echte Waffe gegen die Einsamkeit.

Wie kann ich das Gefühl haben, leer zu sein, frage ich mich, wenn doch mein Leben immer so voll war und es noch ist?«

Viele Frauen in Angelas Alter (und jüngere) sehen im Älterwerden eine Bedrohung. Eine meiner Patientinnen sagte vor kurzem zu mir: »Wenn man jung ist, ist das Alleinsein nicht so schrecklich. Aber wenn man älter ist? Wenn die Chancen, jemals zu heiraten, immer geringer werden? Wenn das jugendliche Aussehen flöten geht und damit die Anziehungskraft, die man auf Männer ausübt? Mir geht's zur Zeit prächtig. Ich geh mit drei verschiedenen Männern aus. Aber ich bin 34. Die Zeit wird knapp!«

Angelas Einstellung zum Älterwerden ist viel konstruktiver. Sie meint, und ich stimme mit ihr darin überein, es sei viel besser, das Älterwerden nach dem einzuschätzen, was man mit den Jahren gewinnt, anstatt nach dem, was man verliert. »Ich kann das Alleinsein heute mehr auskosten als vor einigen Jahren«, sagt Angela. »Mit dem Älterwerden bin ich viel selbstsicherer geworden. Und je selbstsicherer man ist, desto weniger erschreckt einen das Alleinsein.«

Wie der Lebensprozeß zur Selbstsicherheit beitragen kann (weil man bewußter erkennt, wie hinfällig der Mensch ist, wie die wirtschaftlichen Verhältnisse wirklich sind, wo die eigenen Grenzen liegen usw.), kann die Lebenserfahrung auch die inneren Kraftquellen nähren. Man ist immer besser imstande, mit erschreckenden oder bedrohlichen Situationen fertig zu werden. Und nach dem, was im Leben so alles passiert, ist das Alleinsein bei weitem nicht das Erschreckendste!

Wenn man auch nur eine bestimmte Anzahl von Lebensjahren auf dem Buckel hat, fühlt man sich einfach besser verankert. Je besser man sich kennenlernt, desto mehr vertraut man sich selbst. Man hört auf, sich davor zu fürchten, mit sich selbst allein zu sein.

Das heißt nicht, daß jeder ältere Mensch ein Bollwerk des Selbstvertrauens und gesunder Ichbezogenheit ist – weit gefehlt! Das Leben rüstet einen nur mit der Fähigkeit aus, es zu bewältigen, wenn man es läßt.

Wenn Sie sich vom Leben nicht helfen lassen, wenn Sie in der Vorstellung befangen bleiben, einen Mann nötig zu haben, der Sie wie den Karren aus dem Dreck durchs Leben zieht, dann werden Sie es natürlich nicht zulassen, daß das Leben Sie etwas lehrt; Sie werden auch nicht lernen, es sinnvoller zu gestalten.

Sie müssen tatsächlich *lernen,* gut und richtig zu leben. Erfahrungen mit dem Alleinsein gehören zum Leben fast jedes Menschen. Ich habe zwar nicht für jeden eine Antwort, aber ich habe aus meinem eigenen Leben einiges gelernt, über das Sie nachdenken und das Sie sich wahrscheinlich zunutze machen können.

Wenn ich an die Zeiten denke, als ich unverheiratet und allein war, fällt mir ein, daß ich zu einem Therapeuten gegangen bin. Und ich war, wie ich in meiner Rolle als Therapeutin entdeckt habe, bei weitem nicht der einzige Mensch, der in einem Therapeuten einen bezahlten Gesellschafter, also einen Menschen sieht, zu dem er jede Woche zu einer bestimmten Stunde geht und der dafür bezahlt wird, daß er einem zuhört. In dieser einen Wochenstunde konnte ich also darauf zählen, daß der Therapeut meine Einsamkeit erträglicher machte.

Meinen Patienten, die sich darauf verlassen, daß ich ihnen während einer Stunde in der Woche über ihre Einsamkeit hinweghelfe, sage ich, dies könne sehr wohl eine vorübergehende Erleichterung bringen, es sei aber noch lange kein Heilmittel gegen die Einsamkeit. Es sei auf die Dauer auch kein zulässiger Gebrauch der Therapie.

Ich betone hier zweierlei. Erstens: Wenn ich als praktizierende Therapeutin eine Kollegin aufgesucht habe und sie im Grunde dafür bezahlt habe, mir Gesellschaft zu leisten, bedeutet es gewiß, daß ich verstehe, wie schwer es einem Menschen fallen kann, allein zu sein. Und ich habe Mitgefühl. Ich würde nie behaupten, daß es leicht ist, das Alleinsein lieben zu lernen. Zweitens: Das Alleinsein ständig zu vermeiden, nie zuzulassen, daß man sich dem leeren Haus oder der leeren Wohnung stellt (ob man nun einen Therapeuten aufsucht, von einer Verabredung zur anderen hetzt, sich ständig mit Partys betäubt oder bis nach Mitternacht im Büro bleibt) gibt einem keine Möglichkeit, das Alleinsein lieben zu lernen.

Vielleicht brauchen Sie gar nicht zu lernen, gerne allein zu sein. Wenn sie die übertriebene Aktivität aushalten können, die nötig ist, wenn man sich dem Alleinsein auf keinen Fall stellen will, dann ist das in Ordnung. Die meisten Leute können es nicht.

Schauen wir's uns also an – dieses Alleinsein. Was genau fürchten die Leute so sehr daran?

In meiner Praxis habe ich herausgefunden, daß die Antwort vieler Menschen lautet: »Ich will nicht allein sterben« oder »Ich will nicht allein dastehen, falls ich mir nicht mehr selber helfen kann« – als ob ein Partner, den man zur Seite hat und der einen liebt, Unfälle, Krankheit, ja sogar den Tod abwenden oder besser erträglich machen könnte.

Unsere festen Vorstellungen machen selbst vor dem Tod und vor dem Sterben nicht halt! Viele meiner Patientinnen glauben anscheinend, es gebe eine »richtige« Art zu sterben – und dieser »ideale« Tod sei von Ali McGraw in dem Film *»Love Story«* hervorragend dargestellt worden.

Sie lag da, bleich und lieblich, und schwand rasch dahin; Ryan

O'Neal war bei ihr und legte sich schließlich, nachdem er sich mit den Infusionsschläuchen herumgeschlagen hatte, zu ihr ins Bett, um sie zu »halten«. Das ganze ist nichts weiter als die Krankenhausversion der *Kameliendame*.

Aber im wirklichen Leben kann man selbst als verheiratete Frau letzten Endes beim Sterben allein sein. Man kann *ihn* nicht mitnehmen! Wenn man schwer krank wird, ist doch der Mensch, mit dem man im Krankenhaus die meiste Zeit verbringt, die Nachtschwester. Mehr habe ich zum Thema »Männlicher Beistand, ein Balsam im Krankheitsfall« nicht zu sagen.

Eine weitere Hauptursache der Angst vor dem Alleinsein ist die Vorstellung, es sei ein Dauerzustand (also dem Tod nicht unähnlich).

Aber das Alleinsein ist nicht so entsetzlich, wenn man es, wie ich, als eine Situation ansieht, die man jeweils nur einen Tag lang bewältigen muß.

Ich habe z. B. vor kurzem in Yucatán Urlaub gemacht. Mein Mann mußte arbeiten, also fuhr ich allein los. Im Hotel lernte ich ein paar faszinierende Menschen kennen, mit denen ich die ganze Zeit zusammen war. Eines Abends kam ich jedoch später als gewöhnlich zum Essen und sah, daß meine kleine Gruppe ohne mich aufgebrochen war.

Ich gebe zu, daß ich mich minutenlang im Stich gelassen fühlte, dann ärgerlich war und schließlich meinte, unbeliebt zu sein. (»Aha! Insgeheim mögen sie mich alle nicht!«) Hätte ich weiter in dieser Richtung gedacht, wäre ich sicher bald in Panik geraten bei dem Gedanken, einen ganzen Abend vor mir zu haben, den ich ohne Hilfe anderer auszufüllen hätte – d. h. einen leeren Abend. Und so wäre der Abend auch geworden – leer. Ich hätte meine Zeit mit Ärger über den Mangel an Gesellschaft verschwendet.

So aber ging ich in die Stadt in ein Restaurant, das ich noch nicht ausprobiert hatte. Zum Glück finde ich die mexikanische Küche himmlisch, und ich war von den Unterschieden zwischen den Gerichten in Yucatán und anderswo in Mexiko begeistert. Ich entdeckte also beim Essen mehrere Spezialitäten der Region.

Einige waren großartig, und an einer wäre ich fast erstickt. Ich hatte kein Buch ins Restaurant mitgenommen, um mich vom Alleinsein abzulenken. Ich versuchte statt dessen, dem Vorschlag von M. F. K. Fisher zu folgen, der nicht nur über das Essen, sondern auch über die Atmosphäre elegant zu plaudern weiß, in der man es am besten würdigen kann – das heißt, ich habe mich völlig auf mein Essen, auf die Zutaten in den verschiedenen Gerichten konzentriert und aus jedem Bissen ein Abenteuer gemacht.

Zwischen den einzelnen Gängen des Essens beobachtete ich (so diskret wie möglich) die anderen Leute im Restaurant, versuchte zu erraten, woher sie kamen, welche Beziehungen sie untereinander hatten. Ich dachte mir sogar kleine Geschichten und Charakterstudien zu ihnen aus. (Das Beobachten von Leuten ist eines der besten Mittel gegen Einsamkeit und Langeweile, die es gibt – man kann sogar aus dem Schlangestehen auf der Bank ein Erlebnis machen!)

Nach dem Essen machte ich einen Spaziergang und durchstöberte einige Läden, die noch geöffnet waren. Dann ging ich in mein Hotelzimmer, wo mich einiges an guter Lektüre erwartete, das ich noch nicht einmal angerührt hatte. Das gab mir Gelegenheit, mit meinen höchst ehrgeizigen Lesevorhaben für diese Reise etwas voranzukommen. Ich las also.

Und der nächste Tag war, wie Scarlett O'Hara zu sagen pflegte, wieder ein neuer Tag. Meine neuen Freunde hatten, wie herauskam, geglaubt, *ich* sei ohne sie losgezogen. Ich erzählte ihnen meine Erlebnisse vom Vorabend, und sie berichteten mir von den ihren; so war es viel interessanter, als wenn wir gemeinsam dasselbe erlebt hätten.

Die beliebte Binsenwahrheit: »Nichts dauert ewig« ist also nicht nur ein modischer Zynismus über »Beziehungskisten«. Sie gilt auch für das Alleinsein und für die Einsamkeit.

Aber was geschieht, wenn Ihnen das Schicksal auferlegt, allein zu sein, nicht für immer, aber auf lange Zeit – so lange jedenfalls, daß Sie zeitweise auch Einsamkeit ertragen müssen? Was ist Einsamkeit überhaupt? Viele Menschen glauben, das Wort sei gleichbedeutend mit Langeweile – und obwohl es sich dabei nicht um eine Definition im eigentlichen Sinn handelt, bedeutet Einsamkeit für viele von uns genau das. Eine Freundin von mir hat ihre Einstellung zum Alleinsein beachtlich verändert – und kann sich seither viel mehr für das Leben begeistern –, als sie in einer bestimmten Situation entdeckte, daß sie nicht alles zu tun brauchte, was sie für passend hielt, was man angeblich von ihr erwartete, was Routine geworden war.

Immer, wenn sie einen Sonnenuntergang allein und nicht im Arm eines Mannes betrachtet hatte, hatte Schwermut sie befallen. Sie hatte das Gefühl, der Anblick eines Sonnenuntergangs habe etwas Nichtssagendes und Unstimmiges an sich, wenn kein Liebhaber da war, der das Erlebnis für sie zu vertiefen und bedeutsam zu machen vermochte; für ein dramatisches Gewitter, einen Sonnenaufgang oder die Brandung an der See galt das gleiche.

Eines Abends jedoch faszinierte sie plötzlich das Farbenspiel der untergehenden Sonne. Aus irgendeinem Grund achtete sie nur auf das, was sie erlebte und fühlte – und nicht auf die Tatsache, daß keiner da war, der den Anblick mit ihr teilte.

Sie ließ sich von dem Erlebnis packen und ging ganz in ihm auf. Es war eine Offenbarung.

Die Sehnsucht nach einem Geliebten, der das Erlebnis einer Naturerscheinung oder überhaupt jedes Erlebnis in ein besseres Licht rücken kann, ist verwandt mit dem »Mädchen am Fenster« – auch durch diese Sehnsucht agieren Frauen ihre Vorstellung davon aus, wie sie sein sollen. (Die Ursprünge dieser festen Vorstellung lassen sich leicht auffinden. Man denke nur an all die Filme, die wir gesehen haben, und in denen selten ein Sonnenuntergang vorkam, ohne daß die Köpfe eines Mannes und einer Frau im Gegenlicht erschienen!)

Es gibt aber keine Norm, wie man sein sollte oder zu sein hat. Eine meiner Patientinnen, eine Dichterin, bemerkte einmal, als sie allein nach Griechenland gefahren war, »um den Parthenon anzuschauen, braucht man eigentlich vier Augen.« (Es erübrigt sich, zu sagen, daß sie dasselbe auch von Sonnenuntergängen glaubte.)

Aber als ich mir den Parthenon anschaute, war ich sehr froh, daß mein Mann in Amerika geblieben war. Sein Tempo ist anders als meines; er hätte mich gebremst, jede Inschrift gelesen und mich ungeduldig gemacht. So habe ich es von Anfang bis Ende genossen.

Zusammenfassend lassen sich also zwei wirksame Maßnahmen anführen, die dem Alleinsein die langweilige Komponente nehmen:

1. Man konzentriere sich auf das Erlebnis selbst und nicht darauf, wer es mit einem hätte teilen können.
2. Man sei sich über die Vorteile im klaren, die es hat, wenn man etwas alleine erlebt (man sollte sie aber nicht überbetonen). Die Anwesenheit eines anderen Menschen, so sehr man ihn auch lieben mag, kann so ein Erlebnis durchaus beeinträchtigen, anstatt es zu verschönern.

Sie könnten aber noch andere Gründe haben, warum sie nicht *im Augenblick* aufgehen können – welcher Art er auch sein mag:

1. Manchmal stört das »Ich« das Erlebnis. Es ist z. B. schwierig, sich in die Wunder der Natur oder der Menschenwerke zu versenken, wenn man eigentlich mit der Frage beschäftigt ist: »Ist mit meinem Aussehen alles in Ordnung?« »Hat dieser gut aussehende Mann mich angeschaut oder sie?« »Warum hab' ich bloß nicht meine schwarze Hose angezogen? Hier stehe ich mitten auf der Spanischen Treppe, dem Laufsteg mit den attraktivsten Männern der Welt, und seh' aus wie ein Aschenputtel.«
2. Manchmal ist man so sehr mit seinen eigenen Problemen beschäftigt, daß die Außenwelt einen überhaupt nicht beeindruckt. Nabelschau kann sogar das tollste Erlebnis zunichte machen. Da steht man nun, Aug' in Auge mit der Sphinx, und kommt nicht von der Frage los: »Großer Gott, warum tut mir nur mein Knöchel so weh? Ich werd' doch nicht Arthritis haben!« Oder: »Ach, warum hab' ich bloß mein Valium nicht mitgenommen. Ich hab' so Angst.« Kein Wunder, daß Sie sich langweilen. Das einzige, was Sie erleben, ist die gesprungene Schallplatte in Ihrem Inneren mit ewig denselben Klagen. Sie hätten ebensogut zu Hause bleiben können.

3. Langeweile kann man auch erzeugen, indem man sich ständig ausmalt, wie die Zukunft aussehen wird und darüber die Gegenwart buchstäblich auslöscht. Da sagt man z. B. nach zweiminütiger Bewunderung des Sonnenuntergangs: »So, ist ja wirklich wunderschön, der Sonnenuntergang! Aber ich geh' jetzt besser wieder ins Haus. Vielleicht hat Jack angerufen und auf dem Anrufbeantworter eine Nachricht hinterlassen; ich möchte ihn heute abend wirklich gern sehen.«

Diese Einstellung nenne ich den »Zukunftsblock«. Die Zukunft, genauer die Pläne für die Zukunft blockieren jegliches Aufgehen in der Gegenwart. Eine andere Version des Zukunftsblocks ist die Beschäftigung mit dem möglichen *Nutzen,* den man aus einem Erlebnis ziehen kann – anstatt einfach in ihm zu schwelgen! Eine schriftstellernde Freundin von mir macht, wo sie geht und steht, immerzu Notizen und Fotos, so daß sie kaum jemals weiß, wo sie sich gerade befindet. »Man kann ja nie wissen«, sagt sie, »wann man das Material brauchen kann. Vielleicht in meinen Memoiren, in einem Roman ...«

Einfach nur ruhig dastehen und beobachten und horchen ist für sie quälend langweilig; sie weiß nicht, wie sie es anstellen soll, einfach nur am Dasein teilzuhaben; sie muß das Leben verpakken.

Wenn sie nur aufhören würde, sich Gedanken zu machen, wie sie ihre Eindrücke einmal verwenden wird, und wenn sie einfach innehalten und sich beeindrucken lassen würde, wäre sie nie einsam und gelangweilt – auch ohne Notizbücher und Kameras. Und auf lange Sicht würde sie wahrscheinlich mit mehr Tiefgang schreiben, weil sie alles viel intensiver erleben würde.

Der Langeweile kann man meines Wissens nur begegnen, indem man sich so uneingeschränkt auf eine bestimmte Sache einläßt, daß man sich selbst, seine Gesundheit, seinen Familienstand, seine unbestimmten Ängste und insbesondere die Frage ganz und gar vergißt, was demnächst passieren wird, wohin man gehen oder was man fertigbringen wird.

Eines meiner Lieblingszitate – übrigens ein sehr guter Rat für all jene, die sich langweilen, wenn sie sich selbst überlassen sind –

stammt aus dem Roman *South Wind* von Norman Douglas: »Geh hinein, tief; (aber) nicht zu tief . . . in dich selbst hinein . . . Geh hinein in die lebendige Welt und binde dich mit aller Kraft an ihre Bewegung – durch die Ketten, die das Leben selber schmiedet . . . Verkörperliche dich!«

Man tut auch gut daran, nicht zu vergessen, daß man nie wirklich allein ist, wenn man *sich selbst* als faszinierenden Gesellschafter empfindet. Wie man das Alleinsein lieben kann, hat eine Freundin von mir einmal positiv zusammengefaßt: »Alleinleben ist ebenso wie Verheiratetsein – nur daß man selber sein Partner ist. Wie die Ehe hat auch das Alleinleben sein Auf und Ab. Manchmal haßt man sich, und manchmal liebt man sich. Manchmal kommt man mit sich zurecht, manchmal ist man im Zwiespalt. An manchen Tagen ist man von sich begeistert, an anderen hält man sich für den letzten Dreck. Und hier beginnt mein kleiner Vergleich zu hinken. Das einzige, was man nur in der Ehe tun kann, und nicht, wenn man mit sich allein ist – ins andere Zimmer marschieren und dem anderen die Tür vor der Nase zuknallen!«

Es ist auch wichtig, die festen Voraussetzungen, die die Abneigung gegen das Alleinsein enthält, zu erkennen und auszumerzen.

Es gibt z. B. Beschäftigungen, denen man nur in Gesellschaft nachgehen *sollte*. Deshalb sehen wir es als unsozial an, wenn man sich ihnen allein hingibt – dabei *muß* man doch unglücklich werden. Das Essen ist ein Paradefall. Die Fähigkeit, allein in ein Restaurant zum Essen zu gehen und ein ganzes Menü durchzustehen, ist geradezu ein Symbol des »emanzipierten« Single-Daseins geworden. Es hat reihenweise Zeitschriftenartikel gegeben, in denen Frauen beraten wurden, wie sie dieses Kunststück vollbringen könnten.

Mein einsames Mahl in Yucatán habe ich schon beschrieben. Ein Teil der Begeisterung, die ich dort empfunden habe – des Gegenmittels für Langeweile – war die Exotik. Sie fehlt natürlich, wenn ich in einem Schnellrestaurant oder bei mir zu Hause abendesse und mein Mann noch arbeitet oder ausgeht.

In solchen Situationen verwandle ich eine möglicherweise einsame Sache in eine gute Gelegenheit, wenigstens ein paar Gramm abzunehmen und esse nur Hüttenkäse und Obst statt dem Schmorbraten, den ich meinem Mann vorsetzen würde; er hat keine Gewichtsprobleme, und ich könnte dann bestimmt nicht widerstehen. Die Tatsache, daß ich meinem einsamen Abendessen etwas Positives abgewinne, nimmt ihm seine unangenehmen Züge und läßt es mich genießen.

Das abendliche Zubettgehen ist auch eine Phase des Alleinseins – vor allem wenn man gewöhnt ist, gemeinsam mit dem Partner zu schlafen. Aber auch sie kann man in eine gute Gelegenheit verwandeln, etwas für sich zu tun. Ich habe zum Beispiel das Gefühl, meinen Mann zu belästigen, wenn ich nachts im Bett lese; das Licht und das Geräusch beim Umblättern stören ihn. Ich lese aber schrecklich gerne im Bett. Es ist einfach ein Luxus. Wenn er also verreist ist, gehe ich immer früh ins Bett und lese stundenlang.

Das Alleinsein hat noch viele andere Vorteile:

1. Sie können mitten in der Nacht aufstehen und so laut Sie wollen Schallplatten abspielen (vorausgesetzt, die Nachbarn haben nichts dagegen).
2. Sie können um fünf Uhr früh aufstehen und spazierengehen, ohne daß Sie nach Hause kommen und ein mürrischer Partner brummt: »Wo warst du denn bloß?«
3. Sie müssen nicht die Socken eines andern aufheben (oder was er sonst so herumliegen läßt).
4. Ihre ganze Wohnung/Ihr Haus (und nicht nur Ihr Zimmer) kann Ihre Persönlichkeit widerspiegeln – in Ihren Erinnerungsstücken, in der Wahl Ihrer Wohnfarben, in Ihren Fotos usw.
5. Sie können morgen nach Paris fahren, ohne es sich zweimal zu überlegen, ohne jemand um Erlaubnis zu bitten oder seine Zustimmung zu suchen.
6. Sie können ohne Bedenken jederzeit mit einer scheußlich aussehenden Feuchtigkeitsmaske im Gesicht herumlaufen; Sie werden niemanden abschrecken.
7. Sie haben das Bad die ganze Zeit für sich allein.

8. Sie können eine dreitägige Fastenkur machen, ohne daß jemand Sie mit Mon-Chérie oder Pizza in Versuchung führt.
9. Sie brauchen sich keine Sorgen um die Kümmernisse Ihres Partners zu machen, nur um Ihre eigenen.
10. Ihre Wohnung (Ihr Haus) kann so unordentlich sein, wie Sie wollen – und niemand wird Sie der Schlamperei bezichtigen.
11. Ihre Wohnung (Ihr Haus) kann so ordentlich sein wie Sie wollen – niemand wird es (a) in Unordnung bringen oder (b) Sie regelmäßig als Putzteufel beschimpfen.
12. Sie können stundenlang Ferngespräche führen, und niemand wird Sie mittendrin unterbrechen, um sich über Ihre Verschwendungssucht zu beschweren.
13. Sie können es sich leisten, für eine Konzertsaison Veranstaltungen mit klassischer Musik zu abonnieren, ohne zu befürchten, Sie könnten vielleicht jemandem zu nahe treten, der nichts mehr liebt als Popmusik. Umgekehrt können Sie sich alle paar Tage ein Rock-Konzert gönnen, wenn Sie wollen, ohne zu befürchten, Sie könnten vielleicht jemandem zu nahe treten, für den gute Musik mit Bach aufhört.
14. Sie können sich ganz nach Ihrem eigenen Geschmack schönmachen, und niemand wird versuchen, Sie an der Selbstverwirklichung durch eine neue Frisur, durch ein freizügigeres Dekolleté oder dadurch hindern, daß Sie Ihren ganzen Kleiderschrank ausräumen und ihn mit Jogging-Anzügen in allen Farben füllen usw.
15. Sie können überall im Haus singen, und niemand wird ein angewidertes Gesicht oder herabsetzende Bemerkungen machen.
16. Sie können vor dem Spiegel schmollen und posieren und die Stirn runzeln und sich angrinsen, ohne daß Sie jemand ertappt und Ihnen das Gefühl gibt, albern zu sein.
17. Ihr Sexualleben kann so wild oder so zahm sein, wie Sie wollen. Es kommt nur auf Ihre eigenen Bedürfnisse an.
18. Sie können überall auf der Welt eine Arbeit annehmen und sich auf den Weg dorthin machen, ohne andere als Ihre eigenen Vorrechte zu berücksichtigen.

19. Sie brauchen in Ihrem Kühlschrank nichts aufzubewahren, was Sie nicht mögen.

20. Sie können jedes beliebige Haustier halten, ohne auf die mögliche Abneigung eines anderen Menschen gegen Tiere (oder auf seine Allergien) achten zu müssen.

21. Sie können sich Ihre eigenen Freunde und Freundinnen aussuchen, ohne daß die mögliche Antipathie eines anderen gegen Leute, die Sie mögen, Ihnen einen Strich durch die Rechnung macht.

Machen Sie sich selber eine Liste! Schreiben Sie alle erdenklichen Möglichkeiten auf, wie Sie selbst über Ihr Leben bestimmen können – weil Sie allein sind.

Aber vergessen Sie nicht den letzten Punkt – die Wahl der eigenen Freunde.

Wenn Sie lernen wollen, ohne Mann jemand zu sein, sind Sie selbst Ihr bestes Hilfsmittel – indem Sie sich gern haben und sich selbst vollständig fühlen. Aber Freunde können einem, wie Sie bald entdecken werden, dabei sehr helfen – wahrscheinlich mehr als Sie denken.

V Meine besten Freunde sind Frauen

Wenn man sich mehr auf andere Frauen verläßt – und Spaß am Umgang mit ihnen hat –, verringert sich die Abhängigkeit von dem Auserwählten; die Freude, die man an ihm hat, vermehrt sich.

Gute Freundschaft unter Frauen ist eine unschätzbare Quelle emotionaler Unterstützung, eine Quelle von Trost, Neuigkeiten, Wissen, Unterhaltung und einfacher, simpler Kameradschaft.

Ich erinnere mich noch an meine Zeiten am College, als ich immer mit meinen Zimmergenossinnen herumsaß und mit ihnen kicherte und schwatzte. Diese »Tratschrunden« waren voller Intimität, Wärme und Vergnügen, ebenso war es bei meinen Freundschaften in all den Mädchen-Ferienlagern, in denen ich viele Sommer zugebracht habe. In meinem ganzen Leben waren in tragischen Momenten immer Frauen zur Stelle, um mich zu bedauern, mich gernzuhaben, mich zu trösten.

Und doch habe ich festgestellt, daß viele meiner Patientinnen das fabelhafte Unterstützungssystem nicht zu schätzen wissen, das sie haben könnten, wenn sie Frauenfreundschaften ernster nehmen würden. Allzu viele Frauen unterschätzen bei weitem die große Stärke und Tragkraft der schwesterlichen Gefühle.

Bevor ich näher darauf eingehe, warum Freundschaften zwischen Frauen bei all unseren sozialen Vorlieben so oft zu kurz kommen, und bevor ich über erfolgreichere Methoden spreche, Freundschaft zu schließen und sie sich zu erhalten, möchte ich eingehender besprechen, wie Freundschaften unter Frauen lohnend sein können. Sie tragen dazu bei, die Abhängigkeit von dem Mann, der in Ihrem Leben eine Rolle spielt oder spielen sollte, aufzulösen.

Margaret, eine Patientin, lieferte mir vor kurzem eine großartige Aussage darüber, was ihre engen Freundschaften mit Frauen für sie bedeuten: »Frauen verstehen einander einfach ganz generell. Als Frau kennt man gewisse emotionale und körperliche Zustände, die man anderen Frauen nicht zu erklären braucht. Wir Frauen haben emotionale und körperliche Gemeinsamkeiten, die teilweise automatisch zu einer Beziehung führen – obwohl ich mich beileibe nicht mit jeder Frau eng befreunden könnte. Diese Beziehung geht über das Band der Weiblichkeit hinaus; es ist eine Art von Kraft wirksam, dem Geschehen nicht unähnlich, das bei gegenseitiger Anziehung zwischen Mann und Frau abläuft. Diese Anziehungskraft ist aber nicht sexueller Art; sie manifestiert sich vielmehr in gemeinsamen Anschauungen, Interessen und Erfahrungen.

Aber seltsamerweise wirkt sich das Band der Weiblichkeit am stärksten aus und nicht die anderen Gemeinsamkeiten. Meine beste Freundin ist eine Frau, die sich in bezug auf Aussehen, Stil, Ziele, Einkommen und Herkunft sehr stark von mir unterscheidet. Und doch besteht dieses unglaubliche Einverständnis zwischen uns. Sie ist immer für mich da, wie ich für sie. Sie ist für mich ebenso wichtig wie mein Mann – aber das würde ich ihm niemals sagen. Zwischen ihr und mir gibt es Ebenen der Verständigung, die es zwischen meinem Mann und mir einfach nicht gibt.«

Ich habe Margaret und einige andere Patientinnen, von denen ich weiß, daß Frauenfreundschaften ihnen viel bedeuten, gebeten, sich zu überlegen, wie ihr Leben durch ihre Freundinnen bereichert worden ist. Im folgenden führe ich einige der von ihnen genannten Eigenschaften guter Freundschaft unter Frauen auf:

1. Frauen interessieren sich für Dinge, die Männer »albern« oder »langweilig« finden. Die typische Situation, daß die Frauen sich nach dem Essen in einen Winkel des Zimmers zurückziehen und über Windeln diskutieren, während die Männer in ihrem Winkel über Weltereignisse reden, ist – wie ich weiß – für jede Frau mit auch nur der geringsten feministischen Neigung ein Greuel. Es

bleibt jedoch eine Tatsache –, viele Frauen unterhalten sich gern über Make-up, Kleider, Kochrezepte und dergleichen (wie natürlich auch über gewichtigere Themen). Wenn es um diese Dinge geht, sind Freundinnen viel aufgeschlossenere und teilnahmsvollere Zuhörerinnen als die meisten Männer, selbst wenn sie einen lieben.

2. Sexuelle Abneigungen, Phantasien und Probleme sind oft mit Frauen leichter zu besprechen als mit Männern. Eine Frau versteht die Gefühle bezüglich der Sexualität, die eine andere Frau äußert, besser als fast jeder Mann (einschließlich der meisten Gynäkologen), einfach, weil sie dieselben anatomischen Voraussetzungen und psychischen Erlebnisse hat, die die Männer nicht teilen.

Zwei Frauen können sich über sexuelle Angelegenheiten in detaillierter Anschaulichkeit und ohne die Verlegenheit unterhalten, die sie vielleicht empfinden würden, wenn sie Männern gegenüber in diesem Maß ihr Herz ausschütten, *sich offenbaren* würden.

Oft befürchtet eine Frau, wenn sie einem Mann gegenüber ihre Unsicherheit oder ihr Unwissen im Bereich der Sexualität zugibt, er werde sich von ihr zurückziehen oder die Romantik ihrer Beziehung werde sich verflüchtigen. Solche Barrieren gibt es wesentlich seltener, wenn man mit einer Freundin über Sex spricht.

Man kann von anderen Frauen auch eine Menge über Sex lernen, sowohl in technischer Hinsicht, als auch in bezug auf gewisse tröstliche Erkenntnisse – wie zum Beispiel: »Andere Frauen fragen sich also auch, ob sie frigide sind!« oder »Ich bin also nicht die einzige Frau, die sich nicht sicher ist, ob sie jemals einen mehrfachen Orgasmus gehabt hat!« Von einigen Patientinnen weiß ich, daß sie und ihre Freundinnen »Vergleiche anstellen«, um herauszufinden, ob sie »gewisse Dinge richtig machen.« Derartige Gespräche sind beruhigend und informativ – und viel leichter mit Frauen als mit Männern – besonders mit *dem* Mann – zu führen.

3. Eine Freundin kann Ihnen helfen, Probleme mit Männern oder

mit einem bestimmten Mann zu erkennen, einzugrenzen, zu klären und zu lösen. Manchmal können Sie sich bei ihm nicht beschweren, aber Sie können mit einer anderen Frau darüber reden. Und sie kann Sie an ihren Erfahrungen teilhaben lassen oder mindestens mitfühlend zuhören, während Sie beim Formulieren Ihres Problems Klarheit finden und es selber lösen.

4. Manches, was zuweilen eine Liebesbeziehung zwischen Mann und Frau stört, für Frauenfreundschaften aber gewöhnlich keine Gefahr bedeutet, entfällt – nämlich nachdrückliche Besitzansprüche, die damit zusammenhängen, daß ein Partner den anderen sexuell ausschließlich für sich haben möchte, oder das Bedürfnis bei Männern und Frauen, dem Partner gewisse Gefühle oder Teile der eigenen Vergangenheit vorzuenthalten, um sich mit einem Schleier des Geheimnisvollen zu umgeben oder einfach aus Angst, der Partner könnte enttäuscht sein.

Frauenfreundschaften sind meist nicht so unbeständig wie Liebesgeschichten. Sie sind unkomplizierter, entspannter, geben weniger Anlaß zu wechselseitigen Kränkungen, sind daher weniger bedrohlich und im allgemeinen offener und ehrlicher.

5. Im Zusammensein mit einer Freundin können Sie fast immer Sie selbst sein. Das Verhalten einem Mann gegenüber ist oft berechnend, künstlich, voller Hintergedanken. (Dieses Verhalten Männern gegenüber empfehle ich nicht, aber ich habe beobachtet, daß Frauen manchmal so handeln.)

Eine Patientin sagte einmal: »Einer Freundin kann ich alles sagen, was mir in den Sinn kommt. Ich brauche mir keine Sorgen um mein Aussehen zu machen. Ich kann gut oder schlecht, nichtssagend, unattraktiv, dick oder zottelhaarig aussehen – es spielt keine Rolle. Bei einer Freundin meint man nicht, man müsse sie mit gutem Aussehen, tiefschürfenden Gedanken, geistreichen Bemerkungen oder sonstwas beeindrucken. Das Grundlegende ist: Mit einer Busenfreundin zusammenzusein ist, als wäre man mit sich selbst zusammen.«

6. Frauen, die enge Freundinnen sind, neigen dazu, einander zu bemuttern. Diese Art von Liebesdiensten bekommt man im allgemeinen nicht von einem Mann. »Was man so über die

Männer redet, die sich den Bedürfnissen der Frauen gefühlsmäßig mehr aufschließen, interessiert mich nicht«, sagte eine Patientin. »Man muß ihnen das ›Bemuttern‹ beschreiben, ihnen Beispiele vor Augen führen und sie dann immer wieder daran erinnern. Eine gute Freundin versteht einfach, mütterlich zu sein, und sie weiß, wann man ihre Fürsorge braucht und wann sie damit aufhören muß.«

Margaret faßte das Phänomen der Frauenfreundschaft kurz und bündig zusammen: »Das einzige, was ein Mann für eine Frau sein kann, und eine Frau nicht, ist der Liebhaber – vorausgesetzt, sie ist heterosexuell!«

Viele meiner Patientinnen erwähnten am Ende ihrer Ausführungen, wie schön es sei, Freundinnen all das zurückzugeben, was sie von ihnen bekamen. »Es ist fabelhaft, wenn man einen Mann glücklich machen kann, wenn man weiß, daß er einen schätzt, wenn man ihm einfach kleine Dinge zu Gefallen tut, und natürlich, wenn man ihn in wichtigen Dingen unterstützt. Aber wenn man einer Frau gefühlsmäßig und materiell etwas gibt, seine Zeit, seinen Rat usw., ist es ebenfalls höchst befriedigend.«

Was ist es also, angesichts all dieser Vorteile guter Freundschaft unter Frauen, das viele Frauen davon abhält, das meiste aus solchen Freundschaften herauszuholen? Warum lassen es so viele Frauen zu, daß sie in diesem Bereich zu kurz kommen?

Laura, eine 30jährige, jungverheiratete Patientin, ist ein Beispiel für eine Einstellung, die Frauen häufig hindert, sich mit anderen Frauen zu befreunden. »Mein Mann ist mein bester Freund«, sagt Laura. »Andere brauche ich nicht.« Das klingt beneidenswert, nicht wahr? Romantische Liebe und Freundschaft sind hier offenbar in einer Person vereinigt. Nicht so wunderbar ist es, wenn man diese Auffassung so weit treibt, wie Laura es getan hat, daß man von diesem Mann erwartet, er solle einem *alle* emotionalen und sozialen Bedürfnisse erfüllen.

Wenn man in erster Linie oder ausschließlich von diesem einen Menschen erwartet, er solle einem Gesellschaft leisten, Trost spenden, Zerstreuung und intellektuelle Anregung verschaffen usw., neigt man dazu, sich andere mögliche Freundschaften entgehen zu lassen. Man bemüht sich wenig oder gar nicht, neue Freundschaften zu schließen – jedenfalls nicht von sich aus.

Auf die Dauer – die manchmal nicht so lange ist, wie wir vielleicht denken – wendet sich das romantische Ideal vom Liebhaber, der zugleich der beste Freund ist, häufig gegen uns, genau wie andere romantische Ideale. Einmal stellt die Erwartung, der Mann solle die einzige emotionale und soziale Stütze einer Frau sein, eine große Belastung sowohl für ihn als auch für die Beziehung dar.

Zum zweiten werden Sie sich, sollte die Beziehung nicht von Dauer sein, in einer ziemlich isolierten Lage finden. Nur wenige Frauen brechen alle Verbindungen zur Außenwelt ab, weil sie einen Liebhaber/festen Freund haben, an den sie sich anlehnen können.

Wenn man seine anderen Beziehungen allzu geringschätzt, stellt sich häufig heraus, daß sie nicht optimal sind, wenn man sie doch einmal braucht.

Für alleinstehende Frauen, die auf der Suche nach einem Liebhaber und besten Freund sind und erwarten, der Mann solle ihr emotionales Rückgrat sein, gilt etwas ähnliches: Die Tendenz, sich auf andere mögliche gute Freundschaften, die sich ihnen anbieten, nicht einzulassen, bedeutet in Wirklichkeit, daß sie im Hier und Jetzt auf ein großartiges Reservoir an Trost und Unterstützung verzichten. Ihre Einsamkeit wird dadurch verschärft, ebenso die verzweifelte Sehnsucht, mit der sie »dem Richtigen« nachjagen. Oft meiden alleinstehende Frauen die Freundschaft mit anderen Frauen, weil sie befürchten, daß intensiver Umgang mit ihnen sie auf ihrer Suche nach dem Mann ihres Lebens behindern könnte. Laura zum Beispiel erzählte mir, sie habe sich, bevor sie ihren Mann kennenlernte, »komisch« gefühlt, wenn sie mit mehreren Freundinnen auf Partys, mit einer Frau ins Kino, zum Mittagessen, zum Abendessen oder auch nur auf ein Glas Wein gegangen sei – auch wenn es Kolleginnen waren, mit denen sie sich hätte befreunden können.

»Ich glaube, ich hatte die Vorstellung – vor allem in einer

Umgebung, wo ich einen passenden Mann hätte kennenlernen können –, die Tatsache, daß ich mit einer oder mehreren Frauen zusammen war, hätte einen Mann davon abhalten können, zu mir Kontakt aufzunehmen oder auch nur mich unter den anderen zu bemerken.«

Frauen, die paarweise auftreten, oder Gruppen von drei oder vier Frauen werden manchmal als potentielle alte Jungfern angesehen. Selbst wenn Sie die beliebteste Person in Ihrem Großraumbüro sind und es auch wissen, bleibt Ihnen das Gefühl nicht erspart, die Leute hätten Mitleid mit Ihnen und sähen Sie befremdet an, wenn Sie sich in ausschließlich weiblicher Gesellschaft befinden. »Und was ist, wenn mein Traummann unter den Leuten ist, die Mitleid mit mir haben? Er hat mich vielleicht von der andern Seite des Raumes her bemerkt, aber er glaubt, da ich mit all diesen Frauen zusammen bin, müsse mit mir irgendwas nicht stimmen. So oder so ähnlich hab' ich wohl gedacht – deshalb hab' ich nie viele enge Freundschaften mit Frauen gehabt.«

Von Frauen bekomme ich oft zu hören, »Mir scheint, ich kann einfach nicht mit Frauen Freundschaft schließen« oder »Bei meinen Freundinnen finde ich nicht viel Trost« oder »Kein Mensch will was von mir wissen«. Und fast immer steckt hinter solchen Verlautbarungen die tiefsitzende Überzeugung, Frauenfreundschaften besetzten in der Hierarchie der Systeme emotionaler Unterstützung hinter der wahren Liebe einen bescheidenen zweiten Platz.

Meine feministischen Freundinnen reden gern von der Sanftheit, der Toleranz, der Friedensliebe und Fürsorglichkeit der Frauen. Sie sagen, bei Frauen kommen diese Züge in größerer Fülle vor als bei Männern. Würden Frauen die Welt regieren, sagen sie, gäbe es keinen Krieg. Das mag wohl wahr sein. Sicher ist es poetisch. Und auch Poeten haben die Sanftmut, Menschlichkeit und das Mitgefühl des weiblichen Geschlechts begeistert besungen.

Aber ich frage mich oft, wo dieses Zartgefühl bleibt, wenn Frauen es nicht mit Männern, Kindern, Haustieren und dem leidenden Teil der Menschheit zu tun haben, sondern mit anderen Frauen, die sie kennen, Frauen, mit denen sie zusammen arbeiten, Frauen, die sie Freundinnen nennen.

Schwesterlichkeit könnte Macht bedeuten. Beim heutigen Stand der Dinge legen Frauen allzuoft mehr Wert auf den Wettbewerb als auf die Zusammenarbeit. Und ich glaube nicht, daß die kleinen Scharmützel, die wir offen oder insgeheim untereinander ausfechten, von echter Bosheit, Gemeinheit oder Kleinlichkeit herrühren.

Ich glaube, daß Unsicherheit meist für das Versagen schwesterlicher Gefühle verantwortlich ist – die Angst, es könnten nicht genug Männer für alle da sein, die Angst, daß es schwer ist, eine Stelle zu finden, und die Angst, daß nur allzu wenige Frauen wirklich Karriere machen – warum sollte man also nicht etwas gegen eine Frau haben, die anscheinend mit einem um die Spitzenstellung konkurriert oder einem sogar im Wege steht?

Tatsächlich wird nicht jede, wie ich schon erklärt habe, einen Mann »abbekommen«. Und es ist besonders für Frauen nicht einfach, eine gute Stellung zu ergattern. Aber die Männerknappheit oder der Mangel an guten Arbeitsmöglichkeiten wird nicht dadurch gelöst, daß man in anderen Frauen Rivalinnen sieht.

Und sollte eine andere einen Mann »kriegen«, den Sie gernhaben, oder eine Stelle, auf die Sie scharf waren, gibt es wirklich keinen Grund, ihr Glück oder ihren Erfolg als persönliche Kränkung anzusehen, als werde Ihnen etwas weggenommen, was Ihnen rechtmäßig zusteht.

Eine Frau, die sagt: »Sie hat ihn mir weggenommen« oder »Sie hat die Arbeit gekriegt, die ich eigentlich hätte kriegen müssen«, beschuldigt nicht so sehr die Frau, die den Mann oder die Stellung bekommen hat, sondern klagt vielmehr sich selber an. Sie gibt damit zu erkennen, daß sie ein egozentrischer Mensch ist, unfähig, die Freude eines anderen mitzuempfinden, einem anderen Menschen Gutes zu wünschen; sie kann es nicht vermeiden, das, was eine andere hat, mit dem gleichzusetzen, was sie nicht hat.

Als Beispiel möchte ich die Geschichte von Pamela, Carl und

Cindy erzählen. Pamela und Cindy wohnten zusammen und waren eng befreundet. Sie waren beide aus kleineren Städten nach New York gekommen, um als Fotomodelle Karriere zu machen. Beide hatten in ihrem Beruf und im Privatleben mäßigen Erfolg. Dann hatte Pamela einen Fototermin in Haiti, und auf dem Rückweg nach New York lernte sie im Flugzeug Carl kennen, einen erfolgreichen Makler, der sich in Haiti »auf die Schnelle« hatte scheiden lassen. Pamela und Carl kamen sich im Flugzeug rasch näher – so nah, daß sie vom Kennedy Airport direkt ins Plaza Hotel gingen, wo sie drei stürmische Tage und Nächte verbrachten. Dann meldete sich der Alltag wieder (das tut er immer). Pamela und Carl mußten beide wieder zur Arbeit.

Pamela kam in die Wohnung zurück, die sie mit Cindy teilte. Sie war in einem euphorischen Zustand. Sie erzählte Cindy, sie habe den Mann ihrer Träume kennengelernt, und Cindy freute sich mit ihr. Aber als Carl am nächsten Abend kam, um Pamela zum Essen auszuführen, schlug Cindys Stimmung um. Carl wirkte sehr anziehend auf sie, und das brachte sie durcheinander. Carl »gehörte« Pamela.

Als am nächsten Tag das Telefon klingelte und Carl am Apparat war, sagte Cindy zu ihm: »Einen Augenblick, ich hole Pam.« Aber Carl antwortete: »Nein. Eigentlich habe ich angerufen, um mit dir zu reden.«

Er sei durcheinander, erzählte er Cindy. Er wisse, daß Pamela verrückt nach ihm sei. Er habe sich aber schon von Anfang an gedacht, sie sei »nicht sein Typ«. Er möge sie, sei aber nicht an einer länger dauernden Liebesbeziehung mit ihr interessiert. Ob Cindy wohl mit ihm essen gehen würde? Da könnten sie dann besprechen, was er tun solle.

Cindy ging also mit Carl essen. Und, um es kurz zu machen, es stellte sich heraus, daß sich beide zueinander hingezogen fühlten. Carl hatte nun natürlich ein doppeltes Problem. Wie sollten Cindy und Carl Pamela beibringen, daß Carl ihr nicht nur nicht ewige Liebe schwören wollte, sondern daß er und Cindy ihre Seelenverwandtschaft entdeckt hatten?

Carl beschloß, sich wie ein Gentleman zu verhalten und die Rolle des Unglücksboten allein auf sich zu nehmen. Pamela nahm die Neuigkeit gelassen zur Kenntnis. Sie verstehe, sagte sie zu ihm. Sie schätze seine Aufrichtigkeit. Gottseidank habe er die Geschichte abgeblasen, bevor sie sich richtig eingelassen habe und entsprechend verwundbar geworden sei.

Cindy gegenüber zeigte sich Pamela nicht so gelassen. »Wie konntest du mir *das* antun?« schrie sie. »Kaum siehst du mich von hinten, und schon verführst du den Mann, den ich liebe! Du kanntest meine Gefühle doch! Wie konntest du ihn mir bloß abspenstig machen?«

Cindy wiederholte, was Carl Pamela schon gesagt hatte – daß er ihr guter Freund bleiben wollte und daß er sie sehr schätze. Seine Gefühle ihr gegenüber seien einfach nicht von *dieser Art,* und er wolle ihr nichts vormachen, da ihm klar sei, was sie für ihn empfinde.

»Ich hab' ihn dir nicht *weggenommen*!« protestierte Cindy. »Er hat mich angerufen, um mit mir über dich zu reden, wenn du's genau wissen willst. Er wollte dich auf keinen Fall verletzen. Und außerdem – wir sind eben einfach aufeinander geflogen. Du weißt doch. Ich kann es nicht erklären, es hat einfach gefunkt zwischen uns.« Aber Pamela wollte nichts hören. Für sie sah es so aus, daß ihre Zimmergenossin und beste Freundin sie verraten und etwas ihr Wertvolles »gestohlen« hatte. Sie zog aus der gemeinsamen Wohnung aus. Sie versicherte, sie werde nie wieder mit Cindy oder Carl auch nur ein Wort reden.

In Wirklichkeit hat sich Pamela selber etwas weggenommen – eine bewährte Freundschaft (Cindy) und einen potentiellen Freund (Carl). Pamelas Überreaktion beruhte auf mehreren falschen Voraussetzungen (die alle mit ihrer hoffnungslosen Abhängigkeit von der Anerkennung eines Mannes zu tun hatten):

1. Eine Liebesbeziehung zu einem Mann ist immer viel lohnender als eine Freundschaft mit einer Frau.
2. Wenn ich diesen tollen Mann nicht an Land ziehe, werde ich nie wieder so einen finden – es gibt so wenige davon.
3. Ein Mensch kann einem anderen einen Menschen stehlen. Mit

anderen Worten, jemanden lieben heißt, ihn besitzen. Er ist Privateigentum.

Wenn Pamela die Situation realistisch hätte beurteilen können, wäre es in jeder Hinsicht besser gewesen. Sie hätte nämlich folgern können:

1. »Wenn sich Carl zu mir nicht ebenso hingezogen fühlte, wie ich mich umgekehrt zu ihm, dann hab' ich Glück gehabt, daß es jetzt herausgekommen ist!« (Das hat sie zwar zu Carl gesagt, aber offenbar selber nicht geglaubt.)
2. »Wenn ich ehrlich bin, hatten wir wirklich nicht so viel gemeinsam. Wenn er und Cindy das ›gewisse Etwas‹ miteinander haben, um so toller wird ihre Beziehung sein!«
3. »Ich bin froh, daß Cindy jemand gefunden hat, der so gut zu ihr paßt. Ich hoffe, daß ich auch mal so ein Glück habe.«

Wenn ich meinen Patientinnen diese oder eine ähnliche Geschichte – sagen wir, von einer Frau, deren Mann mit einer anderen durchbrennt – erzähle, halten viele von ihnen die Vorstellung für absolut lächerlich, die »Verlassene« könne ihrer »Rivalin« Glück wünschen. In mancher Situation mag das ja auch richtig sein.
Aber im Interesse der Selbsterhaltung wäre jede Frau, gleichgültig, in welcher Situation sie sich befindet, gut beraten, sich keinesfalls als »verlassen« (was auch »hilflos«, »abserviert«, »abgelehnt«, »ohne Rückhalt« bedeutet) oder als Opfer eines Diebstahls zu betrachten.
Eine Frau, die um ihr eigenes Zentrum der inneren Sicherheit kreist, anstatt der Satellit eines Mannes zu sein, kann sich durch das Geschick oder Glück anderer Frauen nicht beraubt fühlen.
Sehen wir uns nun eine parallele Situation an – auf dem Stellenmarkt. Auch hier können Sie durch eine übertriebene Abhängigkeit von Menschen und Umständen außerhalb Ihrer selbst, die Sie für Ihr Selbstwertgefühl brauchen, Ihre Chancen für Freundschaften mit Frauen verringern.

Was würde z. B. passieren, wenn Sie und Ihre Arbeitskollegin, die zufällig Ihre beste Freundin ist, für die gleiche Beförderung in Frage kämen – und sie befördert würde?
Für Sie wäre es nur natürlich, enttäuscht zu sein. Einmal hätten Sie einen Prestigeverlust erlitten und die nächste Stufe der Erfolgsleiter, die die Beförderung dargestellt hätte, verfehlt. Zweitens hätten Sie die Gehaltserhöhung gut gebrauchen können.
Ihre Enttäuschung könnte aber auch tiefer gehen. Sie könnten denken: »Das muß doch heißen, daß sie besser ist als ich. Wahrscheinlich komme ich nie weiter.« In diesem Fall grollen Sie Ihrer Freundin – was die Freundschaft entweder enden läßt oder sie erheblich belastet. Außerdem machen Sie sich selbst herunter.
Sie geben ihr die Schuld. (»Sie hat mir den Job vor der Nase weggenommen, der mir eigentlich zugestanden hätte.«) Und gleichzeitig sehen Sie ihre Beförderung als Beweis, daß Sie von vornherein nicht dafür geeignet waren.
Wäre es nicht viel konstruktiver, all die festen Vorstellungen fallen zu lassen und die nackten Tatsachen zu untersuchen? Wenn Sie auf Grund Ihrer festen Vorstellungen handeln, werden sich Ihre Ressentiments unweigerlich zwischen Sie und Ihre soeben beförderte Freundin schieben. Warum sehen Sie sich nicht die möglichen Gründe für ihren Aufstieg zu diesem Zeitpunkt realistisch an – und ebenso die Gründe, warum Sie nicht befördert worden sind?

1. Vielleicht war Begünstigung mit im Spiel. Es kann doch sein, daß der Chef sie einfach gern mag – aus Gründen, die nichts mit Ihnen oder Ihrem absoluten inneren Wert als Mensch zu tun haben.
2. Vielleicht hat sie besondere Fähigkeiten oder Kenntnisse, die Ihnen fehlen.
3. Vielleicht hatte die Beförderung mit der Art zu tun, wie sie sich in Gesellschaft gibt, oder mit der Tatsache, daß sie sich im Umgang mit anderen Menschen mehr Mühe gegeben hat als Sie.

Das Vorankommen hat manchmal ebensoviel oder mehr damit zu tun, wen man kennt, wie mit der Qualität der geleisteten Arbeit.
4. Vielleicht haben die Maßgeblichen befunden, ihre äußere Erscheinung passe sehr gut zum Image der Firma, und haben sie deswegen auf einen Posten gestellt, wo sie öffentlich mehr zu sehen ist. Dadurch soll zum Ausdruck gebracht werden, daß die Firma genauso chic ist wie ihre Vertreterin.

Es könnte noch viele andere Gründe geben. Wesentlich ist aber für Sie, zu verstehen, daß sie zunächst einmal enttäuscht sind. Und das ist ganz natürlich. Aber – die Tatsache, daß Ihre Freundin den Posten bekommen hat, beweist nicht Ihre Unfähigkeit oder Ihre Minderwertigkeit als Person. Sie werden dadurch nicht herabgesetzt. Ihre Freundin ist deshalb nicht besser als Sie.
Ihre Beförderung bedeutet, daß die Wechselfälle des Lebens sich diesmal zugunsten Ihrer Freundin und nicht zu Ihrem Vorteil ausgewirkt haben.
Sie können jetzt einmal überlegen, wie Sie das nächste Mal den Lauf der Dinge in Ihrem Sinne beeinflussen können:

1. Wenn Sie herausbekommen haben, daß Ihre Freundin tatsächlich etwas hat, was Ihnen für Ihr eigenes Vorwärtskommen nützen könnte – Fähigkeiten oder Eigenschaften oder sogar den »richtigen« Geschmack in bezug auf Kleidung –, könnten Sie sie vielleicht hierin nachahmen. Vielleicht könnten Sie sie bitten, Ihnen zu helfen, mehr aus sich zu machen. Sie könnten sie wissen lassen, daß Sie sie bewundern, und Sie könnten sie um Rat und Beistand bitten; dies wäre Ihrer Freundschaft bestimmt förderlicher, als wenn Sie Ihren Groll pflegen.
2. Wenn Sie die Freundschaft aufrechterhalten, können Sie auf lange Sicht von ihrem Aufstieg vielleicht profitieren. Vielleicht ist sie in der Lage, Ihnen jetzt oder später einmal zu einer Beförderung zu verhelfen. Als gute Freundin, der sie vertrauen und bei der sie sich Rat und Anregungen holen kann, können Sie Ihrer eigenen Karriere vielleicht neue Wege bahnen.

Eine Frau, die um ihr eigenes Zentrum der inneren Sicherheit kreist, sieht eine andere Frau nicht als Bedrohung an und konkurriert in beruflicher Hinsicht nicht aggressiv mit ihr. Sie kann sich für eine Freundin freuen, die weitergekommen ist. Sie denkt nicht automatisch: »Was sie gewinnt, verliere ich.« Sie kann die Freude ihrer Freundin teilen, in Beruf und Privatleben.
Die Freundschaftlichkeit wächst, wenn man sich mit einem anderen Menschen freuen kann. Und die Freundschaften werden besser.
Wenn ich erkläre, wie wertvoll Freundschaft unter Frauen sein kann, um die Abhängigkeit von einem bestimmten Mann hinsichtlich psychischer Unterstützung zu verringern, sagen viele meiner Patientinnen: »Das ist ja toll.« Wenn ich ihnen sage, wie wichtig es ist, aggressiven Wettbewerb, wie unterschwellig er auch ablaufen mag, zu überwinden, um solche Freundschaften zu entwickeln und zu pflegen, sagen sie: »Sie haben ja recht!«
»Aber das Konkurrieren ist nicht mein Problem«, fahren sie dann oft fort. »Mein Problem ist, daß ich als Freundin gut bin, meine Freundinnen aber nie meinen Erwartungen entsprechen. Vielleicht habe ich die falschen Freundinnen. Andere Leute werden immer zu Partys eingeladen und bekommen nette Ansichtskarten. Ihre Freundinnen rufen dauernd an. Meine Freundinnen sind einfach nicht so anteilnehmend oder mitteilsam, wie sie sein sollten!«
Das hätte z. B. Gwen, eine 26jährige Patientin sagen können. »Da lag ich mit Grippe im Bett«, sagte sie, »und keine hat angerufen und gefragt, ›Kann ich Dir ein bißchen Hühnersuppe bringen?‹ oder ›Kann ich irgendwas für Dich tun?‹. Niemand erkundigte sich auch nur, ›Hallo, ich habe mir Sorgen gemacht um Dich. Wie geht's Dir?‹«
»Haben Sie irgendjemandem gesagt, daß Sie krank sind?« fragte ich Gwen.
»Nein, aber sie hätten sowieso anrufen sollen. Sowohl Susan als auch Nancy, meine besten Freundinnen, waren mir einen Anruf schuldig . . .«
So grämte sich Gwen; ihre gerechte Empörung brannte heißer als

das Fieber, ihr Leiden rührte mehr von der Vorstellung her, daß ihren Freundinnen nichts an ihr läge, als von der Grippe. Später stellte sich heraus, daß Susans zweijähriger Sohn auch Grippe hatte, so daß sie mit ihm beschäftigt war. Und die Studentin Nancy hatte Prüfungen. Beide gingen davon aus, Gwen sei ihnen einen Anruf »schuldig«.

Diese Zurückhaltung – »Nein, ich werde sie nicht anrufen; sie ist dran!« oder »Sie ist doch erst bei mir zum Essen gewesen, nun müßte sie mich eigentlich einladen« – ist in Freundschaften weithin üblich. Und diese Einstellung – Freundschaft solle eine Annehmlichkeit sein, die zu gleichen Teilen aus Geben und Nehmen besteht und danach zugeteilt werden sollte, wer wem was schuldet – ist der Hauptgrund, warum manche Leute sich von ihren »rücksichtslosen« Freunden so oft vernachlässigt, vergessen und übergangen fühlen. Dies ist eine weitere Art, wie wir uns mit festen Vorstellungen selber quälen. Die Anschauung, Freunde sollten einen pro Woche soundso oft anrufen, sich der fälligen Geburtstage mit selbstgemachten und/oder teuren Geschenken erinnern, einen zu jeder Party einladen, die sie geben, kommt auf dasselbe heraus (und ist nicht aufgeklärter) wie die Anschauung, glücklich Verheiratete müßten soundso oft pro Woche miteinander schlafen und nur wenn man pro Liebesnacht soundso viele Orgasmen habe, sei das Sexualleben ein Erfolg.

Ich sagte zu Gwen: »Warum rufen Sie Ihre Freundinnen nicht an und sagen ›Ich bin so niedergeschlagen, weil ich krank bin‹ und reden ein bißchen mit ihnen und sagen dann, bevor Sie auflegen, ›Warum rufst du nicht nachher nochmal an? Wenn's mir nicht gut geht, brauche ich einfach etwas Ansprache‹.«

»Das könnte ich nie«, sagte Gwen. »Daran müssen sie schon von selber denken. Das gehört sich einfach«.

»Was ist, wenn sie nie ein Benimm-Buch gelesen haben?« fragte ich.

In dem vorliegenden Buch lautet eine der Hauptregeln für Freundschaften: Es gibt keine Regeln. Das bedeutet: Nur weil Sie soundso sind und gewisse Dinge tun, sollten Sie nicht von anderen Leuten, die anders erzogen worden sind und ein anderes

Wertsystem haben, erwarten, daß sie sich nach Ihren Regeln des Denkens und Handelns richten.
Und wenn sie sich nicht gemäß Ihren festen Vorstellungen verhalten, nehmen Sie nicht automatisch an:

1. Denen liegt nichts an mir, und –
2. Mit mir muß irgend etwas nicht stimmen, weil ihnen nichts an mir liegt.

Schrauben Sie all solche Erwartungen viel mehr herunter. Beurteilen Sie andere Menschen nie aufgrund derselben eindeutigen Maßstäbe, die die Richtschnur *Ihres* Handelns bilden. Trotzen Sie nicht, indem Sie sich fest vornehmen, »Ich rufe sie auf keinen Fall an, bevor sie mich angerufen hat«. Wenn Sie Ihre Freundin öfter anrufen als umgekehrt, bedeutet das nicht so sehr, daß sie nicht genug für die Freundschaft tut; es ist vielmehr ein Zeichen für Ihre eigene Großzügigkeit, Ihre gute Kinderstube, Ihre Begabung für Freundschaft. Sie sollten darauf stolz sein, aber keineswegs verbittert.
Unter guten Freunden gilt nicht »Eine Hand wäscht die andere«. In einer wirklich treuen Freundschaft können Monate oder Jahre vergehen, ehe sich die Freunde wiedersehen oder sogar, ehe sie wieder miteinander telefonieren – und wenn sie sich dann schließlich wiedersehen, ist es, als hätten sie erst gestern miteinander geredet. Ich habe zu einigen meiner Mitstudentinnen vom College eine solche Beziehung; sie sind jetzt über die ganze Welt verstreut, und das macht häufige Treffen unmöglich.
Eine meiner Patientinnen beschrieb diese Art von Beziehung; sie besteht mit einer Freundin, die in der gleichen Stadt lebt wie sie. Sie führen aber alle beide ein so schrecklich geschäftiges Leben, daß sie sich nicht so oft sehen oder miteinander am Telefon reden können, wie sie gern möchten. »Emily versteht, daß ich total im Beruf engagiert bin«, sagte meine Patientin zu mir. »Und ich verstehe, daß sie ganz und gar für ihren Mann und ihre beiden kleinen Töchter da ist und voll mit den zwei

Haushalten und dem Haus- und Grundbesitz zu tun hat, der ihr und ihrem Mann gehört und um den sie sich allein kümmert.

Da sie noch mehr beansprucht ist als ich, bin eigentlich ich diejenige, die sich bemüht, den Kontakt aufrechtzuhalten. Ich rufe sie an. Ich sage zu ihr, ›Mensch, wenn Du mal Luft hast diese Woche, dann laß' uns doch miteinander zum Essen gehen.‹

Manchmal verstricke ich mich so sehr in die ausgeklügelten Verplanungen meines eigenen Lebens, daß ich sie monatelang nicht anrufe – und sie ruft mich auch nicht an. Aber wenn wir dann zusammenkommen, haben wir uns so viel zu erzählen und reden miteinander so vertraut wie eh und je.

Und ich weiß, daß ich sie – selbst in den Zeiten, in denen wir miteinander keinen Kontakt haben – anrufen kann, sollte ich mich mal um drei Uhr morgens bei jemandem ausweinen müssen oder ein Darlehen brauchen oder bei ihr übernachten müssen oder sonst irgend etwas nötig haben. Und sie weiß, daß sie mich auch jederzeit, ganz gleich weshalb, anrufen kann. Schon allein dieses Wissen bewahrt mich davor, mich irgendwann einmal isoliert oder leer oder einsam zu fühlen.«

Eine meiner Freundinnen hat den Spruch »Du kannst nie *zu* reich oder *zu* dünn sein« auf ihrem Schreibtisch. Wenn ich mir ein ähnliches Motto aussuchen würde, könnte es lauten: »Du kannst nie zu viele Freunde haben.«

Es gereicht jeder Frau zum Vorteil, ihren Kreis von Freundinnen, den Kreis ihrer Wahlschwestern, auszudehnen, so weit es nur geht.

Viele Patientinnen klagen jedoch, es falle ihnen schwer, neue Freundinnen zu finden. Manche zeigen auch auf diesem Gebiet ein ausgeprägtes Widerstreben, ja sogar Trägheit. Ich habe den Eindruck, daß ihre »Schwierigkeiten« oder ihr Zögern, sich mit jemandem zu befreunden, gewöhnlich nicht auf mangelnder Bereitschaft beruht, sondern auf Angst. Ebenso, wie man Angst haben kann, allein zu sein, kann man sich vor anderen Menschen fürchten. Oft kommen beide Ängste zusammen vor, weil sie miteinander verwandt sind. Sie haben denselben Ursprung – ein wackliges Selbstbild, eine zu große Abhängigkeit des eigenen Wohlbefindens von Elementen außerhalb der eigenen Person.

Leah, 30 Jahre alt, eine unverheiratete schöne Frau, beklagte sich mir gegenüber, es falle ihr nicht leicht, neue Freunde zu finden. »Ich gehe auf eine Party«, sagte sie, »und nie kommt jemand auf mich zu. Keiner will was mit mir zu tun haben. Vielleicht sehe ich nicht attraktiv oder faszinierend genug aus. Mir fehlt einfach das gewisse Etwas.«

Irgendwie hat Leah recht. Aber nicht so, wie sie meint. Sicherlich ist nicht ihr Aussehen das Problem. Das Problem ist, daß Leah, wie sehr viele andere Frauen, von verschiedenen falschen Voraussetzungen darüber ausgeht, wie es auf einer Party wirklich zugeht.

Zunächst nimmt Leah an, die meisten Partygänger verschafften sich als erstes einen Überblick, suchten sich dann eine spritzig aussehende Person heraus, gingen auf sie zu und schlössen mit ihr Freundschaft.

Das ist keineswegs so. In Wirklichkeit verhalten sich die meisten Leute auf Partys genauso wie Leah. Sie warten. Sie warten darauf, daß jemand sie faszinierend findet und sie anspricht. Während sie warten, reden sie manchmal mit jemand, den sie schon kennen. Nachdem einige Zeit vergangen ist und ihr Leben nicht durch eine strahlende neue Bekanntschaft bereichert worden ist, die sich zufällig eingefunden hat, gehen sie dann nach Hause mit dem Gedanken »Diese Party war aber wieder mal ein Reinfall« oder »Ich krieg' anscheinend keinen Kontakt mehr.«

Leah geht, was Partys anbelangt, noch von einer weiteren falschen Voraussetzung aus. In Zeitschriften und Romanen hat sie immer wieder von jenen Frauen gelesen, die einen Raum voller irgendwie beschäftigter Leute betreten können und es fertigbringen, daß jeder aufhört, sich zu unterhalten, zu trinken oder die Vorspeisenteller abzuräumen. »Wer ist *das* denn?« flüstert jeder, während sie sich alle danach drängen, diese Frau kennenzulernen.

Ich will ja nicht so weit gehen und behaupten, dieses Phänomen einer Frau, die schon beim Betreten eines Raumes die Blicke aller Anwesenden fesselt, gebe es nicht oder nur in der Phantasie. Aber ich habe es in meinem ganzen Leben nur einmal gesehen – und ich war auf weit mehr Partys als ich zugeben möchte. Ich war auf einem kleinen Fest, das ein prominenter Schauspieler gab. Plötzlich betrat diese Frau, die mindestens 1,80 m groß war, seine verrauchte und von Leuten überquellende Halle. Sie hatte elektrikblaues Haar. Sie trug ein Ding, das diesen Säcken, in denen man die Kleider von der Reinigung zurückbekommt, recht ähnlich war – aus Plastik und durchsichtig. Und tatsächlich hörte bei ihrem »Auftritt« jeder Anwesende auf, zu tun, was er oder sie gerade tat und starrte sie an.

Außerdem wollte natürlich jeder wissen, wer sie war – ginge es Ihnen nicht auch so? (Es stellte sich heraus, daß sie erste Sängerin in einer Frauen-Punkrock-Band war.)

Wenn man (z. B. Leah) also um jeden Preis die Aufmerksamkeit der Leute auf sich ziehen will, kann man es so machen wie die Punkrock-Lady. Man kann sich exotisch und ausgeflippt zurechtmachen – und es wird Leute geben, die versuchen, einen kennenzulernen.

Aber die meisten Leute werden es nicht tun. Sie versuchen vielleicht herauszufinden, wer man ist und warum man sich so herausgeputzt hat, aber in Wirklichkeit sind sie wohl eingeschüchtert – und meiden einen.

Das passiert übrigens auch echten Schönheiten. Man möchte meinen, diese Frauen würden die Leute magnetisieren, weil sie so außerordentlich gut aussehen. Aber so läuft es nicht. Oft schüchtert große Schönheit eher ein, als daß sie anziehend wirkt.

Ich brachte Leah also nahe, daß eine faszinierende magnetische Ausstrahlung – die sie nicht zu haben glaubt – schlicht den Mut erfordert, auf einen anderen Menschen zuzugehen und ein Gespräch anzufangen. Warum nicht zu den wenigen Menschen zählen, die Kontakt herstellen? Wenn Sie einen Raum voller Leute betreten, schauen Sie sich um, suchen sich die in Ihren Augen interessanteste Person – Mann oder Frau – aus und stellen sich vor.

»Und wenn dieser Jemand gerade mit jemand anderem redet?« fragte Leah.
»Dann stehen Sie eben eine Zeitlang herum, warten auf eine Gesprächspause und stellen sich *dann* vor.«
»Aber ist das nicht unhöflich?«, wollte Leah wissen.
»Nein. Ich fände es nicht unhöflich. Mich würde es freuen.«
»Aber wäre es denn nicht aufdringlich? Und was wäre, wenn man mich nicht beachten oder kurz abfertigen würde? Ich weiß noch, wie ich einmal auf einen Presseempfang für eine Sängerin gegangen bin, die ich um alles in der Welt kennenlernen wollte. Ich habe sie immerzu beobachtet, und sie hat sich die ganze Zeit mit ihren Freunden unterhalten. Schließlich bin ich zu ihr hingegangen und ganz unschlüssig vor ihr gestanden, während sie sich weiterhin mit dieser anderen Frau unterhalten hat. Irgendwann haben sie mich dann endlich dastehen sehen und mich angeschaut, als wäre ich eine Art Krankheit. Ich war tief gekränkt. So was will ich nicht noch einmal erleben.«
Leah folgerte, daß sie an der Gleichgültigkeit der beiden Frauen ihr gegenüber schuld gewesen sei. »Ich nehme an, daß ich nicht interessant genug für sie war.« Leah war nie auf den Gedanken gekommen, daß noch andere Erklärungen möglich gewesen wären, die nichts mit ihr zu tun hatten, bevor ich sie auf einige hinwies: Die Frauen hatten vielleicht über private Angelegenheiten gesprochen. Vielleicht hatten sie sich Klatsch erzählt – wieder etwas Privates. Vielleicht waren sie betrunken, vielleicht hatten sie über Geschäftliches geredet – schließlich konnten sie auch kurzsichtig sein.
Auf jeden Fall können Sie, wenn jemand Ihr Interesse nicht erwidert, das Problem konstruktiv lösen, indem Sie sich der nächsten faszinierenden Person zuwenden, ein Gespräch anfangen und abwarten, was passiert.
Sehen Sie es nicht so an, als würden Sie nur immer wieder abgelehnt – sehen Sie es als Abenteuer. Sie haben es in der Hand. Sie wählen Ihre Gesprächspartner. Manchmal muß man hartnäkkig sein.

Mittlerweile sollte klar sein, daß Anzahl *und* Art Ihrer Freundschaften mit Frauen Ihr Leben sehr bereichern können. Sie können Ihnen Kameradschaft und Trost bringen, ein Puffer gegen die Einsamkeit sein und eine Beziehung zu einem Mann vertiefen oder sie sogar ersetzen.

Sie können die Qualität Ihrer Freundschaften noch mehr verbessern, indem Sie aus diesem »Sicherheitsnetz« eine echte Gruppe machen, so daß andere Frauen einander dort leichter kennenlernen können.

In der Arbeitswelt haben die Frauen eine großartige Gelegenheit, Beziehungen herzustellen, indem sie Frauen miteinander bekannt machen und bestehende Kontakte nützen, um neue Bekanntschaften zu schließen.

Aber so weit sind die Frauen noch nicht: Weder arbeiten sie in sozialer Hinsicht so gut zusammen, noch unterstützen sie einander emotional so wirksam. Jede Frau kann unter ihren eigenen Freundinnen, in ihrer Gemeinde, in ihrer Stadt Beziehungsnetze knüpfen, die das soziale Leben fördern oder Menschen mit ähnlichem Lebensstil zusammenführen.

Ein Beispiel: Linda ist eine 35jährige Patientin, deren Mann sich ganz plötzlich von ihr hat scheiden lassen, so daß sie ihre beiden kleinen Kinder allein aufziehen mußte. Linda hatte immer zu einer Gruppe von Freundinnen gehört, die ihr nahestanden. Einige von ihnen kannte sie seit College-Zeiten. Während ihrer Ehe hatte sie einige dieser Freundschaften vernachlässigt – der Kontakt war geblieben, aber die Nähe war nicht mehr da.

Linda begriff, daß sie von Zeit zu Zeit gute Gesellschaft und verständnisvolle Zuhörerinnen brauchte; sie vermutete, ihre Freundinnen hätten dieselben Bedürfnisse wie sie, und gründete deshalb einen Samstagabend-Club. Sie rief alle Frauen an, die ihr früher einmal nahegestanden hatten, ebenso ihre derzeitigen besten Freundinnen, und lud sie ein, sich dieser Gruppe anzuschließen, die einmal in der Woche oder öfter zusammenkommen sollte – nicht unbedingt am Samstagabend. Den Namen hatte sie nur deshalb gewählt, weil »der Samstagabend« eine Art Symbol geworden ist – nämlich für den Abend, an dem sich jeder, der ihn nicht zu zweit verbringt, angeblich besonders niedergeschlagen fühlt.

Die Mitglieder des Clubs sind entweder verheiratet oder alleinstehend. Obwohl die Gespräche bei den Zusammenkünften manchmal denen einer Gruppentherapiesitzung ähneln, reicht ihr Inhalt gewöhnlich von Witzen und Kochrezepten bis hin zu politischen Themen und ergibt sich meist zufällig. Im wesentlichen geht es bei der ganzen Sache um schlichte Geselligkeit – von fürsorglichen Freundinnen umgeben sein, neue Freundschaften schließen. Da die Frauen immer wieder neue Mitglieder einführen, wächst der Club derartig an, daß Linda schon witzelt: »Wir werden für unsere Treffen bald ein großes Hotel anmieten müssen.«

Trotz der geselligen Ausrichtung und der Zwanglosigkeit des Clubs ist die Gruppe gut genug organisiert, so daß jede Frau im Falle einer persönlichen Krisensituation eine »Notsitzung« einberufen kann, in der sie therapeutische Gespräche und Trost findet.

Die »Tafelrunde« ist ein weiteres Beispiel für formalisierte Freundschaften; im Mittelpunkt steht hier ein Spezialinteresse – die internationale Küche. Die »Tafelrunde« wurde von Toni ins Leben gerufen, einer Frau, deren Eltern einen Feinschmeckerclub hatten, als sie noch ein Kind war. Vier Paare kamen einmal im Monat zu einem Festessen zusammen, das aus den Spezialitäten jeweils einer bestimmten nationalen Küche bestand.

Jedes Paar sammelte Informationen und bereitete ein oder zwei Gerichte zu – so entstand jedes Festmahl im Geist der Kooperation, erinnert sich Toni. »Ich glaube, bis ich so um die sechzehn war, hatten sie den Globus zweimal umrundet – von New Orleans bis Sri Lanka!«

Toni beschloß, es sei nicht einzusehen, weshalb sie und ihre Freundinnen – zu denen zwei gehören, die verheiratet sind und deren Männer etwas Exotischeres als Steak und Hamburger nie anrühren würden – nicht dasselbe tun könnten wie jene Ehepaare.

Die »Tafelrunde« war ein voller Erfolg – nicht nur, weil die Ehefrauen einen guten Grund hatten, auszugehen, sondern auch im Sinn kulinarischer Bildung.

Für solche Gruppen mit speziellen Ausrichtungen gibt es unendlich viele Möglichkeiten – Lyrikkreise, Gruppen, die gemeinsam ins Theater gehen oder selbst Stücke inszenieren, Yoga oder Gymnastik, Wandern oder Radfahren in der Gruppe.

Wenn man Beziehungsnetze für Menschen mit ähnlichem Lebensstil knüpft, kann sich daraus auch gemeinsames Wohnen entwickeln. Maggie Kuhn, die Leiterin der *Grauen Panther,* lebt mit vielen anderen Menschen, Männern und Frauen, in einem Haus zusammen – in einer Art Großfamilie. Das Zusammenleben ist natürlich nicht jedermanns Sache. Für manche Alleinstehende, die sich isoliert fühlen, ist es eine gute Lösung, besonders in Städten, wo die gute Nachbarschaft, der »familiär vertraute« Umgang, oft schmerzlich vermißt wird.

Jeder alleinstehenden Frau, die sich allein fühlt und vielleicht finanziell unter Druck steht, empfehle ich, sich eine Wohnung mit einer anderen Frau zu teilen – nicht nur, um gute Gesellschaft zu haben, sondern auch, um sich die Unkosten zu teilen.

Ich weiß von mehreren alleinstehenden Müttern mit kleinen Kindern, die sich zu zweit zusammengetan haben, dadurch zu größeren Wohnungen kamen, die sie sonst nicht hätten bezahlen können, und die sich nicht nur in den Lebensunterhalt teilten, sondern auch die Verantwortung für die Erziehung der Kinder und das Babysitten gemeinsam trugen.

Wenn die eine ausgeht, kümmert sich die andere um die Kinder. Das Problem der Berufstätigkeit beider Frauen läßt sich leicht lösen, da sie sich mit zwei Gehältern einen Babysitter leisten können. Die Frauen können auch zu verschiedenen Tageszeiten arbeiten, so daß jeweils diejenige die Kinder beaufsichtigt, die zu Hause ist.

Immer mehr Frauen wohnen auch mit Männern zusammen. Nichtsexuelle Beziehungen zu Männern sind nicht nur möglich; sie können sogar ein wesentlicher Bestandteil jedes beliebigen nichtehelichen oder nichtamourösen Sicherheitsnetzes für das tägliche Leben sein – wie Sie im nächsten Kapitel sehen werden.

VI Meine besten Freunde sind Männer

Freundschaften mit Männern können ebenso vertraut, entspannt und emotional befriedigend sein wie Freundschaften mit Frauen – und zwar auf neue und überraschende Art.

Um Ihr »bester Freund« zu sein, braucht der Mann nicht die Rolle Ihres Geliebten zu spielen.

Und wenn ein Mann, mit dem Sie eng befreundet sind, Ihr Liebhaber wird, braucht deswegen die Beziehung ihre vorurteilsfreie, nicht besitzergreifende Qualität keineswegs zu verlieren, und sie haben es auch weiterhin nicht nötig, ihn zu beeindrucken.

Außerdem vermindert gute Freundschaft mit einer Reihe von Männern die hoffnungslose Abhängigkeit von dem *einen* Mann bzw. das dringliche Bedürfnis nach ihm ganz erheblich.

Zum Glück habe ich mehrere Freunde, die gewissermaßen wie Freundinnen sind – wir können über unsere geheimsten Gedanken und Gefühle ohne die Hemmungen reden, die aus dem sexuellen Rollenspiel entstehen. Wenn ich Belanglosigkeiten erwähne, die mir im Kopf herumgehen – wie z. B.: »Soll ich mir die Haare schneiden lassen?« oder »Was meinst Du, wie ich diesen Raum anders einrichten könnte?« – fangen sie nicht an zu gähnen und machen keine Ausflüchte.

Meine männlichen Freunde hören sich vorurteilslos meine Ängste, Sorgen, Probleme und irrationalen Beschwerden an – und ich tue es umgekehrt auch.

Viele Patientinnen fragen: »Wie entdecken Sie solche Männer? Ich wußte nicht, daß es sie gibt!« Ich versichere Ihnen, es gibt sie. Viele Männer haben ihre Fähigkeit, eine befriedigende platonische Beziehung zu einer Frau einzugehen, auch noch gar nicht entdeckt. Sie können ihnen helfen, dieses Potential zu entfalten – und dabei einen guten Freund gewinnen.

»Die Männer haben in erster Linie Sex im Kopf« – diese Annahme, die bei Verabredungen und in Beziehungen oft so großen Schaden anrichtet, hält die Frauen immer wieder davon ab, sich der Freundschaft mit einem Mann zu erfreuen.

Viele Frauen haben zu mir gesagt: »Ich hatte nie eine Beziehung zu einem Mann, in der Sex keine Rolle spielte. Zwischen Männern und Frauen ist Sex doch immer ein Thema.«

Wenn ein Mann einer Frau begegnet, sind oft sexuelle Schwingungen im Spiel – oft, aber nicht immer und unvermeidlich. Außerdem steht nirgendwo geschrieben, daß jeder sexuelle Impuls, den Sie oder sonst jemand haben, ausgelebt werden muß. Eine verheiratete Patientin von mir erzählte mir einmal, ihr »absolut bester Freund auf der ganzen Welt« sei der Mann einer guten Freundin von ihr.

Sie sagte: »Als wir uns begegnet sind, hat es sexuell einfach gefunkt zwischen uns; das war nicht zu leugnen. Es war aber auch keine Frage, daß ich meinen Mann wahnsinnig liebe und ihm treu bin – und ihm geht's mit seiner Frau genauso. Infolgedessen ist unsere Freundschaft frei von Sex.

Die Tatsache, daß wir uns gegenseitig attraktiv finden, fördert aber meines Erachtens unsere Freundschaft. Das gibt doch dem Ego toll Nahrung! Da gibt es einen Menschen, mit dem ich nicht verheiratet bin und der mich unwiderstehlich findet! Aber aufs Ganze gesehen denke ich über ihn und verhalte mich ihm gegenüber fast so, als sei er eine Freundin von mir; und für ihn bin ich ein ›guter Kumpel‹«.

Eine Freundschaft zwischen einem Mann und einer Frau entwikkelt sich oft unbeschwerter, wenn er oder sie glücklich verheiratet ist oder einen festen Partner hat – oder wenn beide schon in einer befriedigenden Liebesbeziehung stehen. In diesem Fall spielt zwar vielleicht die gegenseitige Anziehung beim Aufbau der Freundschaft eine Rolle; der Sex bleibt aber ausgeklammert. Romantische Gefühle lenken das Freundespaar nicht von ihrer intellektuellen oder arbeitsbezogenen oder sonstigen Affinität ab.

Mark, ein Junggeselle, der viele Freundinnen hat, ohne je mit ihnen ins Bett zu gehen, sagt, die meisten dieser Frauen leben mit anderen Männern zusammen oder sind mit ihnen verheiratet. »Ich suche nicht die Freundschaft mit verheirateten – im Gegensatz zu alleinstehenden – Frauen. Aber ich finde, daß sich diese Art unkomplizierter, anspruchsloser Kameradschaft, die die Freundschaft mit Männern und mit Frauen ausmacht, häufiger mit Frauen ergibt, die eine klare Liebesbeziehung zu ihrem Mann oder Partner haben. Der Druck ist einfach weg. Sie lehnen die Möglichkeit, sich emotionell mit mir einzulassen, kategorisch ab – und ich tue das auch. Wir können entspannt miteinander umgehen.«

Mark, der es mit dem Heiraten nicht eilig hat, findet seine Freundschaften mit Frauen auf bestimmten Gebieten sogar noch befriedigender als seine Liebesbeziehungen – »da werden nämlich keine Spiele gespielt, weil die beiderseitigen Erwartungen nicht emotionsgeladen sind.«

Außerdem ist Marks Bereitschaft, platonische Beziehungen zu Frauen einzugehen, viel größer als die, sich zu verlieben. »Zur Zeit habe ich vor allem meine Karriere im Kopf«, sagt er. »Ich habe die Zeit und Kraft, die man braucht, um eine ernsthafte Liebesbeziehung aufrechtzuerhalten – geschweige denn anzufangen – nicht zur Verfügung.

Meine Freunde, Männer wie Frauen, geben mir so viel moralische Unterstützung, daß ich gar nicht unbedingt das Bedürfnis habe, mich zu verlieben. Tatsächlich sind für mich meine weiblichen und meine männlichen Freunde nicht so sehr verschieden. Freunde sind Freunde.«

Sam, ein in der Industrie tätiger Rechtsanwalt, der seit zwölf Jahren verheiratet ist und zwei kleine Söhne hat, ist wie Mark überzeugt, daß die Qualität seiner Freundschaften durch die Geschlechtszugehörigkeit der Freunde wenig oder gar nicht beeinflußt wird. »Selbst als Junggeselle«, sagt er, »war ich eigentlich nicht der Ansicht, Frauen seien ›anders‹ und ich müßte mein Interesse an einer Frau, weil sie weiblichen Geschlechts war, mit ihrer sexuellen Attraktivität begründen. Meine Freundschaften mit Frauen sind immer aus gemeinsamen Interessen entstanden, die mit Sex nichts zu tun haben.

Ich habe mich zum Beispiel mit Kolleginnen befreundet, und manche meiner Freundschaften mit Frauen haben sich aus der gemeinsamen Freude am Silberschmieden entwickelt, meinem Hobby. Libby ist so ein guter Kumpel beim Silberschmieden. Ich glaube, daß ich mit ihr nicht anders rede als mit Peter, der auch ein Hobby-Silberschmied und ein guter Freund von mir ist. Es gibt da keinen Unterschied in der Art unserer Gespräche. Ob Freunde oder Freundinnen – wir teilen uns alle gleichermaßen unsere Gefühle, Einstellungen und wunden Punkte mit und tauschen Ideen und Meinungen aus.«

Es gibt viele Männer, die ebenso wie Mark und Sam bereit sind, mit Frauen »einfach nur befreundet« zu sein.

Nach den Aussagen meiner Patientinnen sieht die Sache aber ganz anders aus: die Männer, denen *sie* ständig in die Arme laufen, machen die Annahme der Frauen, Männer seien in erster Linie am Sex interessiert, wenn sie zu einer Frau Kontakt aufnehmen, nur um so glaubwürdiger.

Wie schon weiter oben erwähnt, »machen« Männer Frauen oft »an«, weil sie meinen, die Frauen erwarteten es von ihnen und weil sie sich ihre Männerrolle total angezogen haben. Oft ist hinter der Macho-Fassade ein sensibler, rücksichtsvoller Mensch, der einen guten Freund abgeben würde.

Im folgenden zähle ich einiges auf, was passieren könnte, wenn eine Frau mit einem Mann »einfach nur befreundet« sein möchte, und er keinen Zweifel daran läßt, daß er mit ihr ins Bett gehen will:

1. Sie erteilt ihm eine klare Abfuhr; er zieht sich zurück und fühlt sich abgelehnt. Jede Chance für eine Beziehung ist vertan.
2. Sie sagt nein, aber so nett, daß er annimmt, sie habe ein sexuelles Interesse an ihm, und wenn er es nur ausdauernd genug probiere, werde er sie schon herumkriegen. Infolgedessen be-

ginnt eine Beziehung zu entstehen – aber sie bietet nicht die Voraussetzungen für eine offene, unkomplizierte Freundschaft.

3. Wider besseres Wissen beschließt sie, mit ihm zu schlafen. In diesem Fall ist eine wunderschöne, seelenerquickende platonische Freundschaft gewöhnlich nicht in Sicht – obwohl sexuelle Beziehungen manchmal zu einer tiefen Freundschaft zwischen Mann und Frau führen, nachdem die Romanze vorbei ist.

Freundschaften zwischen Männern und Frauen lassen sich ebensowenig wie andere Bereiche zwischenmenschlicher Beziehungen in berechenbare Kategorien pressen oder durch allgemeine Grundsätze festlegen.

Ich möchte Ihnen von drei Fällen erzählen, in denen Männer und Frauen lebenslange platonische Freunde geworden sind – *nachdem* sie das Thema Sex erledigt hatten.

Eileen, die Politikwissenschaft lehrt, und Phil, der eine politische Zeitschrift herausgibt, lernten sich auf einer Party kennen. Nach Eileens Darstellung hatten sie eine ziemlich ernsthafte Diskussion über Außenpolitik, bevor sie in Phils Wohnung gingen und sich privat aufeinander einließen. (Jedenfalls unterstellten sie sich gegenseitig diese Absicht.)

»Aber in dieser Beziehung mochte ich Phil eigentlich gar nicht«, erinnert sich Eileen. »Ich weiß nicht, warum wir miteinander im Bett landeten. Wir hatten beide zuviel getrunken, und wahrscheinlich haben wir halt das getan, was man von modernen jungen Leuten erwartet. Ich erinnere mich jedenfalls, daß ich die ganze Zeit im Bett nur gelitten hab'. Er hat bei mir einfach nichts bewirkt; hormonell lief da gar nichts. Aber er war so ein netter Kerl – wie hätte ich nein sagen können? Und wie hätte ich ihm nach getaner Tat meine wirklichen Gefühle eingestehen können? Er hatte offensichtlich viel mehr Spaß gehabt als ich!«

Bei ihrer nächsten Verabredung mit Phil gelang es Eileen dann, das Problem Sex zu umgehen. Sie sagte ihm, sie finde ihn zwar sehr attraktiv, hänge aber immer noch an ihrem Ex-Freund und sei noch nicht wieder zu einer körperlichen Beziehung bereit.

»Könnten wir nicht einstweilen einfach miteinander befreundet sein?« fragte sie Phil. »Ich mag dich so gern.«
Zu Eileens Überraschung zeigte sich Phil äußerst verständnisvoll. Er sagte, er habe sie auch sehr gern und fühle sich erleichtert, weil er zu einer engeren Bindung auch nicht bereit sei. Nach seiner Erfahrung führe Sex zu Verpflichtungen. Er begrüßte die Idee, »sich einfach locker zusammenzutun«.
Es ist nun schon drei Jahre her, seit Eileen und Phil sich »zusammengetan« haben. Sie sind kein Liebespaar geworden. Sie haben sich gegenseitig geholfen, Liebesaffären mit anderen Partnern zu bestehen.
»Wenn Phil mich nicht emotional unterstützt hätte, hätte ich mich bestimmt in einen dieser Typen, mit denen ich ausgegangen bin und die mir gefallen haben, wahnsinnig verliebt – und zwar einfach, weil ich in meinem Leben einen Mann gebraucht hätte. Aber da wäre keiner der Richtige gewesen für mich. Phil und ein paar andere Freunde haben mich mehr als einmal davor bewahrt, sexuelle Anziehung für Liebe zu halten.«
Margot und ihr Mann, der in den letzten vier Jahren ihr bester Freund war, wurden nicht nach einer gemeinsamen Liebesnacht ein Freundespaar. Sie waren zwei Jahre miteinander verheiratet.
»Richard und ich verliebten uns im letzten Jahr an der High School«, erklärt Margot. »Während der ganzen College-Zeit wurde über uns geredet. Sein Hauptfach war Englische Literatur; er schrieb Gedichte für mich. Ich glaube, ich hielt ihn für einen modernen Lord Byron. Drei Monate nach dem College-Abschluß haben wir geheiratet. Er wollte als Schriftsteller arbeiten, aber von den mageren Einkünften, die er gelegentlich für ein Gedicht oder eine Kurzgeschichte bekam, konnten wir nicht leben. Meistens waren wir auf das angewiesen, was ich verdiente.« (Margot arbeitete damals als Lehrling in der Entwurfsabteilung eines großen Modehauses. Sie hat heute ihre eigene Prêt-à-porter-Kollektion bei derselben Firma.)
»Aber Richard konnte es nicht ertragen, ›sich von mir aushalten zu lassen‹, wie er sich ausdrückte. Deshalb nahm er in der

Möbelfabrik seines Vaters eine Arbeit an. Er hörte auf zu schreiben und identifizierte sich nur noch mit dem Geschäft. Ich hatte überhaupt keine Achtung mehr vor ihm; für mich hatte er seine Ideale verraten. Aber das war nicht der Grund, warum unsere Ehe scheiterte. Damals glaubte ich es, aber im Rückblick begreife ich – begreifen wir beide –, daß wir einfach zu jung waren. In Wirklichkeit hatten wir weder unsere eigenen Ziele entwickelt noch eine eigene Persönlichkeit. Es war also fast unmöglich, gemeinsame Ziele und einen gemeinsamen Lebensstil zu haben.

Wie dem auch sei, ich reichte die Scheidung ein. Richard stellte sich nicht dagegen, aber er war von Bitterkeit erfüllt. Einmal sagte er mir tatsächlich, er hasse mich; ich hätte sein Leben ruiniert.

Wir gingen also jeder seinen Weg und hörten eine Zeitlang nichts voneinander. Ich kam in meiner Laufbahn voran. Und Richard war sehr tüchtig; er brachte den ziemlich konkursgefährdeten Betrieb seines Vaters wieder in Schwung, indem er sozusagen das aktuellste italienische Design einführte.

Dann liefen wir uns eines Tages auf der Straße in die Arme. Ich glaube, es war unvermeidlich – ich arbeitete in derselben Gegend wie er. Er lud mich zu einem Drink ein, und da ich in Eile war, vertröstete ich ihn auf später. Etwa eine Woche danach setzten wir uns wirklich zusammen. Es war wieder wie früher. Wir hatten so viel zu reden. Vor allem über unsere berufliche Entwicklung – jeder von uns war stolz auf den Erfolg des anderen. Aber darüber hinaus hatten wir ja auch einen gemeinsamen Hintergrund. Wir waren zusammen aufgewachsen, wir hatten so viele gemeinsame Freunde und Ferienerinnerungen; wir erinnerten uns beide noch, wie gut vor ewigen Zeiten an einem Sommerabend im Garten seines Vaters die Grillwürstchen gerochen hatten.

Es war schön und schrecklich zugleich. Uns wurde beiden klar, was uns entgangen war, weil wir uns nicht mehr gesehen hatten. Mittlerweile war er schon fest mit der Frau befreundet, die er später heiratete. Sie war auch in der Möbelbranche; er hatte sie in

Italien kennengelernt. Und ich hatte eine Affäre mit meinem Chef und glaubte, sie würde von Dauer sein; aber es kam natürlich anders, als ich dachte.

Wir hatten jedenfalls etwas gemeinsam, was er mit seiner Verlobten und ich mit meinem Liebhaber nicht teilte – eine gemeinsame Vergangenheit, eine bestimmte Art zu leben, oder? Ich war der einzige Mensch auf der ganzen Welt, der wußte, daß Richard, dieser wohlhabend aussehende Mann in Anzug und Weste, der jetzt vorwiegend von seinem jüngsten Erfolg im Aktiengeschäft und seinem neuesten Auto redete, im Grunde seines Herzens ein Dichter war. Und wahrscheinlich hatte er zu meiner Seele auch einen heißen Draht: Er wußte, daß im Inneren dieser kleinen Modedesignerin – in meinem! – eine Möchtegern-Georgia O'Keeffe lebte, die von einer Einzelausstellung im Museum of Modern Art träumte.

Richard und ich telefonieren nun mindestens zweimal die Woche miteinander und sehen uns häufig. Er ist gerade zum ersten Mal Vater geworden, und ich habe mich verlobt.

Irgendwie flirten wir natürlich immer noch miteinander, aber ich könnte mir im Grunde heute nicht mehr vorstellen, daß ich mich in ihn verliebe; und ihm geht es bestimmt genauso. Trotzdem sind wir uns so nahe, wie wir es nicht wären, wenn wir immer noch verheiratet wären. Er ist mir in vieler Hinsicht ebenso wichtig wie Gerry, mein Verlobter. Ich kann mir sogar vorstellen, daß ich es überleben würde, wenn etwas dazwischen käme und ich Gerry nicht heiraten würde; ich wäre natürlich nicht gerade entzückt, aber ich würde es schon schaffen.«

Derek und Gail hatten nie eine intime Beziehung. Als sie sich kennenlernten, hatte er das allerdings schon im Hinterkopf.

Gail ist 28 Jahre alt und Cutterin beim Film. Sie lernte Derek kennen, als sie an einem Projekt für seine kleine Filmgesellschaft für TV-Werbespots arbeitete.

»Derek hat sofort stark auf mich reagiert«, erinnert sich Gail, »und ich war geschmeichelt – und war nahe daran, mit ihm auszugehen. Wem wäre das nicht so ergangen? Er ist wirklich ein toller Hecht – 32, und hat schon seine eigene Filmgesellschaft

und macht echt gute Werbespots. Noch ist er nicht reich – weil er sein ganzes Geld in die Firma steckt. Aber er wird es eines Tages schaffen. Außerdem sieht er aus wie Warren Beatty.
Das Problem war, daß er sich auch so verhielt wir Warren Beatty – in *Shampoo*. Seine geschniegelte, fast zu anpassungsfähige Selbstsicherheit, mit der er hinter mir her war, hat mich gewarnt. Er hat mich nicht einmal gefragt, ob wir uns gelegentlich treffen könnten, sondern wollte von mir gleich wissen, wann und wo, weil er annahm, daß unsere Verabredung beschlossene Sache sei. Natürlich bin ich mit ihm ausgegangen. Er brauchte bloß mit den Fingern zu schnippen, und jede Frau im Umkreis von zehn Kilometern kam angelaufen!
Ich dachte mir also ›Hoppla, dieser Mann bedeutet Probleme. Jede Frau, die auf ihn reinfällt, hat echt schwere Zeiten vor sich‹. Aber ich vermutete – und hatte auch recht –, daß hinter Dereks sorgfältig gepflegter Schwerenöter-Fassade in Wirklichkeit der nette Junge von nebenan steckte.
Seine Werbesendungen zeigten, daß er was von Menschen verstand. Sie waren – und sind – äußerst einfühlsame kleine Lehrstücke. Ich dachte mir deshalb, wer so viel Gefühl in einen schlichten Werbespot hineinlegen kann, muß doch einen gewissen Tiefgang haben.
Ich hab' mich also richtig angestrengt, ihn auszuhorchen. Bei der gemeinsamen Arbeit haben wir viel miteinander geredet, und nach einer Weile hat er seine Schwerenöter-Schau fallen gelassen und ist immer mehr er selbst geworden – einfach ein Mann, der Angst hatte, sich gefühlsmäßig zu binden und dem auf die übliche Weise auswich – wie einer, der Fahrerflucht begeht.
Derek verstand eigentlich nichts von Frauen, und, wenn ich mal so sagen darf: Sich selber verstand er auch nicht besonders. Sein ganzer Lebensstil bestand darin, sich nicht zu stellen – weder seinem wahren Selbst noch den Menschen, die in all den schönen Körpern wohnten, die er verführte und dann im Stich ließ.
Ich brachte Derek zum Reden, indem ich ihm vertraute und mich ihm gegenüber nicht verhielt, als sei er ein Zwilling des *Shampoo*-Stars, für den ich ihn halten sollte; für mich war er ein netter,

verletzlicher Mensch. Ich erzählte ihm von meinen verschiedenen Reinfällen in punkto Liebe. Ich fragte ihn, was er von dem Mann hielt, mit dem ich mich ab und zu verabredete. Ich sprach über meine beruflichen Ziele und bat ihn, mir zu raten, was ich tun könnte, um von den Hunderten anderer Cutterinnen abzustechen, die in New York herumliefen.

Er ging phantastisch auf mich ein. Der Ärmste hatte so lange, vielleicht sein Leben lang, alles Persönliche abgewehrt, daß ihn meine Geständnisse, die am Anfang nur eine Masche waren, ungeheuer erleichterten. Er hatte keinerlei echte, aufrichtige Freundschaften. Seine Freunde aus der Kindheit und der Studienzeit hatte er hinter sich gelassen, war über sie hinausgewachsen und fühlte sich ihnen überlegen. Die Frauen, die er kannte, betrachtete er in Wirklichkeit als Objekte. Seine männlichen Freunde gehörten zu der Sorte, die einem auf den Rücken klopft und übers Geschäft redet.

Derek und ich haben jetzt eine Beziehung wie Schulkinder im Ferienlager, die füreinander verantwortlich sind. Wenn Derek in meiner Nähe ist, habe ich nie Angst vorm Ertrinken – und umgekehrt. Gerade neulich hat er zu mir gesagt: ›Weißt du, du bist die einzige Frau, die mich jemals als Liebhaber abgelehnt hat, und mit der ich noch ein Wort geredet hab'. Du bist der einzige weibliche Freund, den ich je hatte. Und hör' mir mal zu, Kleines, nicht einmal, um eine Wette zu gewinnen, würde ich heute mit dir schlafen; das würde nämlich unsere schöne Freundschaft ruinieren – also spiel nicht mit dem Feuer!‹«

Gail lachte, als sie mir Dereks Bemerkung erzählte. Ich kenne aber nicht wenige Frauen, die es gar nicht komisch fänden, wenn sie ihnen gegolten hätte.

Einer der Gründe, warum es manchen Frauen schwerfällt, mit Männern »einfach nur befreundet« zu sein, ist nicht so sehr ihre begründete oder unbegründete Annahme, Männer hätten nichts weiter im Sinn als Sex. In einigen Fällen kommt eine Freundschaft nicht zustande, weil die Frau vor allem an Sex denkt. Sie will, daß der Mann sie sexuell begehrt – und sei es nur fürs liebe Ich. *Ihr* Ego steht auf dem Spiel. Für ihr Selbstwertgefühl ist sie auf das Gefühl angewiesen, daß dieser Mann sie glühend begehrt, und daß er, wenn sie seinem Verlangen nachgegeben hat, bei ihr bleibt und ihr Beweise seiner andauernden Leidenschaft liefert. Mit anderen Worten, ein Hauptgrund, warum Frauen unfähig sind zu schlichter Freundschaft mit Männern, ist die Tatsache, daß sie jeden passablen Mann, der ihnen über den Weg läuft, als Kandidaten für die *Große Liebe* und das *Moderne Glück* ansehen. So verspielen sie die Möglichkeit, von diesen Idolen unabhängig zu werden.

Was sind denn nun genau die Qualitäten, die die Freundschaft mit einem Mann lohnend machen? Mehrere Frauen, zu deren besten Freunden Männer gehören, hatten dazu folgendes zu sagen:

1. »Von Freunden lerne ich andere Dinge als von Freundinnen. Das soll nicht sexistisch klingen – aber Männer haben wirklich Interessen, die anders sind als unsere. Zum Beispiel das Angeln. Ich kenne sehr wenige Frauen, die begeisterte Anglerinnen sind.

Aber Jack, einer meiner Freunde, hat mich vor kurzem zum Angeln mitgenommen; ich habe eine Rotbarbe gefangen und selber sozusagen auch gleich angebissen. Jetzt gehe ich jedes Wochenende zum Fischen – manchmal mit ihm, manchmal mit Leuten, die ich durch ihn kennengelernt habe. Es ist eine ganz neue Welt für mich. Ich lese Bücher über Meeresbiologie. Jack hat meinen Horizont wirklich erweitert.«

2. »Meine Freunde haben mich in das – wie man es nennen könnte – ›Geheimnis des Männlichen‹ eingeführt. Ich meine damit, daß ich durch die Gespräche mit Männern, durch das Anhören ihrer Probleme und durch die Hilfe, um die ich sie gebeten habe, wenn ich selber mit Problemen gerungen habe, viel über ihre Gedankengänge und Empfindungsweisen gelernt habe. Den männlichen Standpunkt in verschiedenen Fragen kennenzulernen ist nützlich, schafft Klarheit und beruhigt – ob es sich nun um die Verbesserung meiner Technik beim Kurvenfahren oder um die sexuelle Prüderie meines neuesten Liebhabers handelt.«

3. »Wenn man gute Freunde hat, hat man immer jemanden, mit dem man ausgehen kann. Ich habe immer wieder festgestellt, daß ich mit einem Mann, den ich einfach gern mag, genausoviel Spaß haben kann wie mit einem Mann, in den ich verliebt bin. Man muß nicht ineinander verliebt sein, um sich gut unterhalten, gemeinsam über irgendeinen miesen Film, den man sich dummerweise angeschaut hat, herziehen oder das fremdartige Essen im neueröffneten äthiopischen Restaurant ausprobieren zu können. Man muß nicht verliebt sein, um all so was zu tun, was ein gemütliches Beisammensein fördert, was einen gelungenen Nachmittag oder Abend ausmacht.«

4. »Ich will Ihnen sagen, was ich von meinen Freunden – im Unterschied zu meinen Freundinnen – bekomme: das Gefühl, beschützt zu werden. Eine Freundin tut mir zum Beispiel durch ihre mütterliche, warme, gefühlsstarke Art gut. Ich sage nicht, Männer könnten nicht mütterlich sein. Sie können es sehr wohl. Aber Männer geben mir vor allem eine beruhigende Art von Sicherheit, einfach nur, weil sie körperlich größer oder muskulöser oder halt Männer sind. Ich glaube, das hat auch mit meiner zugegebenermaßen altmodischen Assoziation von Männlichkeit mit Autorität zu tun. Mit dem Vaterbild.

Wie dem auch sei, ich kann Ihnen ein sehr gutes Beispiel für das geben, wovon ich rede. Vor ein paar Jahren hatte ich eine schwere Operation. Als ich aus der Narkose aufwachte, nahm ich wahr, daß meine Familie und ein paar enge Freunde da waren. Ich habe jeden von diesen Menschen lieb, aber nur von meinem Mann und von Bobby, meinem Geschäftspartner, mit dem ich auch seit Jahren gut befreundet bin, wollte ich, daß sie ganz nah bei mir sind und mir die Hand halten.«

Ein weiterer Vorteil der »schlichten Freundschaft« mit einem Mann: sie ist ein gutes Übungsfeld für das, was wir als »das Eigentliche« ansehen – eine Art Probelauf.

Wenn man herausfinden will, was es mit der natürlichen

wechselseitigen Abhängigkeit auf sich hat, die eine echte Liebesbeziehung bedingt, tut man gut daran, die Fähigkeit von Männern, »gut Freund« zu sein, einmal abzuklopfen.

Er hängt von Ihnen ab, weil er Trost, einen guten Rat, ein Gespräch, das ihm Auftrieb gibt, braucht. Und Ihnen geht es nicht anders. Er kann Sie um drei Uhr morgens anrufen und sagen: »Ich kann nicht schlafen. Ich muß reden.« Und umgekehrt. Freundschaft beruht auf Gegenseitigkeit. Da ist Symbiose im Spiel und trotzdem gibt es keine hoffnungslose Abhängigkeit, kein Sich-Anklammern – es sei denn, sie haben sich einen wilden Neurotiker als Freund ausgesucht; in diesem Fall könnten Sie ihm vielleicht nahebringen, daß ihm eine psychotherapeutische Behandlung wohl mehr nützen würde als alles, was Sie ihm um drei Uhr morgens am Telefon sagen können.

Ein weiterer Punkt dieser *freundschaftlichen Abhängigkeit ohne Anklammerung* ist, daß er, falls Sie ihn etwa anrufen und er gerade keine Zeit für Ihre Herzensergüsse hat, sagen kann: »Hör zu, ich bin gerade auf dem Sprung, wegzugehen. Aber wenn Du in zwei Stunden nochmal anrufst, bin ich ganz Ohr für Dich. Ich verstehe ja, wie's Dir ist und fühle mit Dir. Also versuch's noch auszuhalten, bis ich zurückkomme.«

Und Sie werden dies als Rückenstärkung empfinden – nicht als Ablehnung.

Ich habe viele Geschichten gehört, in denen platonische Freundschaften zur »Großen Liebe« geführt haben. Und nach meiner Erfahrung funktionieren Ehen oder Liebesbeziehungen, die aus einer treuen Freundschaft entstanden sind, mit größerer Wahrscheinlichkeit als jene, die von einer rein körperlichen Anziehung ausgegangen sind.

Maria und Paul waren mehrere Monate befreundet, bevor sie ein Liebespaar wurden. Und sie waren zwei Jahre lang ein Liebespaar – und gute Freunde – bevor sie heirateten. Als sich Paul und Maria auf der Hochzeit eines gemeinsamen Freundes kennenlernten, hatte Paul gerade seine Frau verloren.

Maria erzählt: »Wir wurden einander während des Empfangs vorgestellt, und wir waren uns gleich sympathisch. Keiner von uns hat viel mit den anderen Anwesenden gesprochen, weil wir uns so viel zu sagen hatten. Nach dem Empfang setzten wir das Gespräch beim Essen im besten spanischen Restaurant der Stadt fort – Paul hatte das gesagt, und er hatte recht. Paëlla war die erste gemeinsame leidenschaftliche Vorliebe, die wir gleich entdeckten.

Was die andere Leidenschaft angeht – Paul trauerte noch sehr um seine Frau, die etwa ein halbes Jahr tot war, als wir uns kennenlernten. Sie waren 22 Jahre verheiratet. An unserem ersten Abend erzählte er mir schon vom Tod seiner Frau. Er sprach sehr offen über sein Gefühl des Alleinseins und der Unzulänglichkeit bei dem Versuch, seinen heranwachsenden Töchtern Vater und Mutter zugleich zu sein.

Als wir uns kennenlernten, war Paul zu einer intimen Beziehung noch nicht bereit; ich verstand ihn und setzte ihn nicht unter Druck. Um die Wahrheit zu sagen: Ich war nicht einmal dazu aufgelegt, denn am Anfang war ich gar nicht ihn ihn verliebt – so wie in den Romanen, wo es heißt, die Heldin bekommt Herzklopfen, wenn der Held sich ihr nähert.

Im Rückblick kommt es mir so vor, als hätte ich Paul anziehend gefunden, weil er gut gebaut war und ein bemerkenswertes Gesicht hatte – obwohl er damals ziemlich mager war. Ich glaube, ich hab' auch von Anfang an gespürt, daß er was Besonderes war.

Den nächsten Schritt hab' ich aber nicht gemacht, nämlich, zu denken ›Dies ist *der* Außergewöhnliche‹. Weil er sich insofern von allen Männern unterschied, die ich jemals kennengelernt hatte, als er mir das Gefühl gab, hier würde ich einmal ganz und gar ohne Vorurteile akzeptiert, stellte ich mir vor, er sei jemand, den ich wirklich gern zum Freund hätte. Ich dachte: ›Was für ein netter Mann!‹

Als wir dann schließlich miteinander ins Bett gingen, waren wir uns darin ohne Worte einig. Es passierte einfach so, eines Abends, im natürlichen Ablauf der Ereignisse. Und es gab keine Spur der üblichen Schüchternheit oder Ungeschicklichkeit beim ›ersten Mal‹.

Wir kannten uns mittlerweile so gut, daß der körperliche Anteil weder so dramatisch noch so traumatisch war, wie er es zwischen beinah Fremden ist. Es war im Grunde ein Akt der Freundschaft, ein sehr kostbarer Ausdruck des Gefühls, das liebe Freunde füreinander hegen.
Ich könnte also wohl sagen: ›Als ich Paul heiratete, hab' ich meinen besten Freund geheiratet‹.«
Zwar kann die Freundschaft zwischen Mann und Frau gewinnen, wenn die Sexualität hinzukommt, so daß sie zu Liebe wird, aber es kommt auch vor, daß die Sexualität sich auf solche Freundschaften negativ auswirkt.
Als der Warren-Beatty-Abklatsch zu Gail sagte, er fürchte, Sex würde ihre schöne Freundschaft ruinieren, meinte er es im Scherz, aber die Aussicht war nicht ohne Beispiel.
Meine Patientin Carol, eine aufgeweckte 25jährige Medizinstudentin, kam eines Nachmittags tränenüberströmt in die Praxis, weil sie sich über ihre plötzlich stürmisch gewordene Beziehung zu Steve, einem Kommilitonen, Sorgen machte.
»Alles war so schön«, sagte Carol. »Wir kamen so gut miteinander aus, als hätten wir uns schon immer gekannt. Wir hatten so viel Spaß. Sex war gar nicht wichtig, wissen Sie. Wir waren beide so mit dem Studium beschäftigt, daß wir keine Zeit für Sex hatten. Außerdem versicherten wir uns ständig gegenseitig, daß wir einfach nur gute Freunde sein wollten.
Dann machte mir Steve eines Nachmittags mitten im Pauken für eine Prüfung eine Liebeserklärung. Und mir ging auf, daß ich ihn auch liebte. Und plötzlich waren wir beide so mit Sex beschäftigt, daß wir keine Zeit mehr zum Studieren hatten.
Eine Zeitlang war es toll. Aber in letzter Zeit bin ich wirklich etwas sonderbar geworden. Ich werde kribbelig, wenn er nicht zur rechten Zeit anruft. Ich verdächtige ihn, mit anderen Frauen zusammenzukommen. Ich möchte, daß er sich die Haare schneiden läßt, damit ich ihn meinen Eltern vorstellen kann, und er weigert sich. Ich will nicht so gemein und fordernd sein, aber ich kann anscheinend nicht mehr anders. Auf meine Arbeit kann ich mich auch nicht mehr konzentrieren.«

Für Carols Verwandlung aus der anteilnehmenden und mitfühlenden Freundin Steves in die niedergeschlagene, schmachtende junge Frau, die an diesem Nachmittag in meine Praxis kam, gibt es zwei mögliche Erklärungen.

Die eine ist, daß Carol in Steve vielleicht niemals wirklich »nur einen Freund« gesehen hat. Möglicherweise hat sie das Spiel »du bist mein bester Freund« nur gespielt, um ihn sich an Land zu ziehen. Sobald Steve den Mund aufgemacht und die magischen drei Worte ausgesprochen hatte, meinte Carol, in Übereinstimmung mit all den festen Vorstellungen, die wir in den bisherigen Kapiteln entlarvt haben, sie habe nun das Recht, viel mehr zu erwarten und zu fordern, als sie von einem »guten Freund« erwartet und gefordert hätte.

Die andere Möglichkeit ist, daß Carol und Steve wirklich »nur Freunde« waren, wie Carol behauptete. Aber in dem Augenblick, als Sex ins Spiel kam, wurde aus dem natürlichen Geben und Nehmen ihrer Freundschaft ein Geschäft – weil Carol, und vielleicht auch Steve, mit Liebe und Sexualität viel mehr feste Vorstellungen verbinden als mit Freundschaft.

Wenn erst einmal offen von Liebe die Rede ist, überlagert sie oft die Freundschaft. Die Beziehung ist nun ein Spiel mit vielen Regeln, bei dem viel zu gewinnen oder zu verlieren ist.

Eine nicht-sexuelle Beziehung ist unverbindlicher. Wenn Sie mit einem Mann »einfach nur befreundet« sind, und er ruft an und verkündet: »Ich hab' mich mit Mary Lou verlobt!«, würden sie wahrscheinlich sagen: »Herzlichen Glückwunsch!« Sie würden ihm alles Gute wünschen.

Wenn Sie andererseits zu diesem Mann eine sexuelle Beziehung hätten und mit der Zeit zu der Erwartung gelangt wären, er werde sich eines Tages an Sie binden – und er sich statt dessen für Mary Lou entschiede, wären Sie vielleicht nicht so begeistert.

Man kann nur verhindern, daß sexuelle Beziehungen eine Freundschaft mit einem Mann untergraben, wenn man, wie ich Carol erklärte, die Dinge sieht, wie sie wirklich sind: »Also jetzt haben mein Freund und ich zu all den anderen Gemeinsamkeiten auch noch den Sex dazugenommen.«

Diese realistische Auffassung der Situation ist in emotionaler Hinsicht weit weniger riskant als die unverzügliche Folgerung: »Also, wir haben miteinander geschlafen. Jetzt schuldet er mir...«

Ich wünschte mir, mehr Frauen würden sich erfreuliche, ungezwungene sexuelle Freundschaften mit Männern gestatten, ohne sich zu überlegen oder sich Sorgen zu machen, ob sie auch von Dauer sein werden. Denn diese Art von Freundschaft ist der bestmögliche »Probelauf« für das »Eigentliche«.

Was ist denn die Ehe anderes als eine erfreuliche, ungezwungene sexuelle Freundschaft? Und was ist eine gute Ehe anderes als eine Gelegenheit, ebensoviel zu geben, wie man bekommt?

Unsere männlichen Freunde haben sicherlich eine Menge von uns zu erwarten; z. B. nach Aussagen einiger meiner eigenen Freunde:

1. »Ein allgemein besseres Verständnis für Frauen.«
2. »Jemanden, mit dem ich über Dinge reden kann, über die ich mit anderen Männern nicht reden kann oder aus Verlegenheit nicht reden mag – wie z. B. meine Angst wegen irgendeiner Krankheit oder die Frage, was ich meiner Frau zum Geburtstag schenken soll, oder irgendein Problem, das ich mit meiner Tochter habe.«
3. »Ein Gefühl der Sicherheit und Geborgenheit, das meine Freunde nicht auszustrahlen scheinen. Ich habe nach dem Tod meiner Frau bemerkt, daß alle Freunde, die wirkliche Anteilnahme gezeigt haben, angerufen, mich zu sich eingeladen und meine Niedergeschlagenheit ausgehalten haben, Frauen waren. Die Männer waren bei weitem nicht so mitfühlend. Meine Freunde konnten es z. B. nicht ertragen, wenn ich mich längere Zeit über meine Schwierigkeiten aussprach, mit dem Alleinleben zurechtzukommen. Meine Freundinnen konnten es sehr wohl und hörten mir auch zu.«
4. »Eine Gelegenheit, mehr von meinen Gefühlen auszudrücken. Es ist mir immer sehr schwer gefallen zu sagen, was ich wirklich empfinde, was mich wirklich quält. Wie die meisten Männer will

ich nie zugeben, daß der Panzer einen Riß hat. Ich hüte mich, irgendwas von mir zu geben, was mich schwach erscheinen lassen könnte. Aber durch die Frauen, die ich kenne, habe ich begreifen gelernt, daß eine Schwäche hier und da einfach menschlich ist – und nicht demütigend, oder es nicht sein sollte. Meine Freundinnen haben mir durch ihre Offenheit geholfen, mich nicht mehr vor mir selber zu fürchten – so schwach und kindisch ich auch zu manchen Zeiten sein mag.«

Diese letzte Äußerung fand ich besonders interessant. Wenn mehr Frauen sich auf nicht aggressive Weise mit Männern befreunden würden, ohne den Hintergedanken, »dich werd' ich schon an die Kette legen«, dann würden mehr Männer sich die den Frauen zugeschriebenen Eigenschaften zu eigen machen (Gefühle zeigen, ihre Schwächen eingestehen, Fehler zugeben), die zu guten, menschlichen Beziehungen zwischen den Geschlechtern führen könnten.

Wenn mehr Frauen Verbindungen zu Männern herstellen wollten und würden, anstatt nach festgeschmiedeten Fesseln zu streben, würden die Männer ihrem Beispiel folgen. Der Krieg der Geschlechter könnte aufhören – weil Männer und Frauen erkennen würden, daß sie auf derselben Seite stehen. Und wir würden alle gewinnen!

VII Das Geld und Ihre Karriere: Wie Sie finanziell selbständiger werden können

Wir haben gesehen, wie Freundschaft Ihnen helfen kann, weniger darauf angewiesen zu sein, daß ein einziger Mann für Ihr emotionales Wohlbefinden einsteht. Aber auch die finanzielle Selbständigkeit – ganz oder teilweise – trägt wesentlich zur Überwindung hoffnungsloser Abhängigkeit bei.

Finanzielle Unabhängigkeit fördert die emotionale Selbständigkeit, denn:

1. Als Alleinstehende, die ihr eigenes Geld verdient, beugen Sie der verzweifelten Suche nach einem Mann vor, der Ihnen den erwünschten Lebensstil ermöglicht.
2. Wenn Sie mit einem Mann zusammen sind, der finanziell für Sie aufkommt, wird ein eigener Verdienst Sie aus der Falle ewigen Kindseins befreien: Sie müssen nicht mehr um Erlaubnis fragen, ob Sie sein Geld ausgeben dürfen. Sie sind nicht mehr von seinen milden Gaben abhängig und brauchen sich nicht mehr allwöchentlich Ihr Taschengeld von ihm zuteilen zu lassen. (Es schockiert mich immer wieder, daß in der heutigen Zeit so viele Frauen ihr Haushaltsgeld als »mein Taschengeld« bezeichnen.)
3. Je mehr eine Frau für sich selber aufkommt, desto mehr Selbstachtung hat sie. Finanzielle Sicherheit trägt sehr viel zum Aufbau eines Zentrums der inneren Sicherheit bei.
4. Die Quelle Ihres Einkommens – Ihr Job – kann genauso befriedigend sein wie Liebe oder Freundschaft. Zahllose Frauen, ob verheiratet oder ledig, haben mir gesagt: »Die Arbeit ist meine einzige Rettung«.

Wenn ich meinen Patientinnen erkläre, wie lohnend die Arbeit in psychischer Hinsicht und nicht nur finanziell ist, sind sie oft skeptisch. »Klingt gut«, sagte eine Patientin neulich. »Aber seien wir doch mal realistisch. Mit dem Job kann man nicht Händchen halten. Du kannst dich nicht im Bett an ihn kuscheln. Nichts, auch nicht der fabelhafteste Job der Welt, ist so befriedigend wie die Liebe eines Mannes.« Diese Äußerung erinnerte mich an einen Satz in dem Film *Alles über Eva*. Bette Davis sagt in der Rolle eines alternden Filmstars, dessen Liebe in Gefahr ist: »Das einzige, worauf es letzten Endes ankommt, ist, daß er da ist, wenn du morgens um sechs den Kopf hebst. Sonst bis du doch nichts anderes als ein Ding mit französischen Stilmöbeln.«

Alles über Eva wurde 1950 gedreht. Ich finde, die grundlegenden Einstellungen der Frauen gegenüber ihrer Arbeit und ihrer Karriere haben sich seit damals nicht sehr geändert – trotz all der Medien-Aufmerksamkeit, die sich auf die Frau in der Öffentlichkeit richtet, trotz Beiträgen über finanzielle Fragen in Frauenzeitschriften, und obwohl immer mehr Frauen in Berufen willkommen sind, die früher Männern vorbehalten waren.

Es ist verblüffend, wie sehr Frauen aller Altersstufen ihrer Geschlechtszugehörigkeit (und der Annahme, eine Frau finde keine Erfüllung, ohne Ehefrau und Mutter gewesen zu sein) immer noch mehr Gewicht beimessen als ihrer beruflichen Identität – sei sie nun real oder potentiell – als Rechtsanwältin, Wirtschaftsprüferin, Börsenmaklerin, Redakteurin, Schauspielerin usw.

Wenn ich meine Patientinnen auffordere, mir zu erklären, warum sie sich nicht stärker bemühen, in ihrer Arbeit Befriedigung zu finden oder warum sie nicht versuchen, mehr zu verdienen oder warum sie überhaupt nicht berufstätig sind, führen sie oft die allgemeine wirtschaftliche Situation an. »Selbst wenn ich vorwärtskommen wollte«, sagte vor kurzem eine Frau zu mir, »– es ist unmöglich«.

Tatsächlich kann das Überleben in der Arbeitswelt selbst auf Frauen entmutigend wirken, die wild entschlossen sind, eine brillante Karriere zu machen. Der Arbeitsmarkt bevorzugt eindeutig die Männer. Nach aktuellen Statistiken verdient eine Frau pro Dollar, den ein Mann verdient, 95 Cents. Nur ein Prozent aller leitenden Angestellten in den USA sind Frauen, in der Bundesrepublik sind es etwa 1,7 Prozent.

Es wundert einen kaum, wenn eine Frau folgert, ihr Glückslos im Leben sei, sich einen Mann zu angeln und ihm die Erfüllung all ihrer Wünsche – oder wenigstens derjenigen, die sie sich nicht aus ihrer eigenen Tasche bezahlen kann – zu überlassen.

Aber seltsamerweise hindert genau diese Einstellung die Frauen, in ökonomischer Hinsicht mehr Profil zu gewinnen. So viele Frauen sehen die Berufsarbeit als eine Art Wassertreten an, das sie durchhalten, bis ein Mann kommt und sie rettet. Oder sie gehen in die Arbeit, weil das Gehalt ihres Ehemannes nicht ausreicht; sie planen aber von vornherein, wieder zu Hause zu bleiben und sich versorgen zu lassen, sobald die Inflation zurückgeht oder der Mann eine entsprechende Gehaltserhöhung bekommt oder sie im Lotto gewinnen.

Die Sache, über die wir reden, hat also zwei Seiten: Die Frauen verdienen durchschnittlich weniger als die Männer und haben auch nicht so viel Macht wie sie – was aber nicht nur die Schuld der Männer oder der Gesellschaft ist. Es ist zum Teil auch die Schuld der Frauen, die sich selber in ihrer beruflichen Qualifikation, als Arbeitnehmerinnen – ja, als mögliche Spitzenkräfte – nicht ernst genug nehmen!

Ich weiß, daß viele meiner Patientinnen bezüglich Liebe und Ehe recht genaue Vorstellungen haben. In anderer Hinsicht ist ihre Phantasie oft schrecklich beschränkt; sie reicht nur bis zu einer bestimmten Grenze. Immer wieder höre ich Selbsteinschätzungen, die ungefähr so klingen:

»Ich kann mir vorstellen, mir mein Geld selber zu verdienen – aber nicht für den Rest meines Lebens.«

»Ich kann mir vorstellen, mir mein Geld selber zu verdienen – aber nicht, *im Alleingang* reich zu werden.«

»Ich kann mir vorstellen, daß ich mir einen Zobel kaufe, sollte ich es zufällig aus eigener Kraft zu einem gewissen Reichtum bringen – aber nicht, daß ich Haus oder Grund erwerbe oder ins Aktiengeschäft einsteige. Ich weiß, daß es mich reicher machen könnte, aber mir fehlt die Beziehung zu Immobilien oder Aktien.«

»Ich kann mir vorstellen, zweite Direktorin in meiner Firma zu sein – aber nicht die erste.«

Viele meiner Patientinnen sind nicht nur aus Mangel an Phantasie in bezug auf ihre finanziellen oder beruflichen Möglichkeiten gehemmt. Sie hemmen sich auch selber, weil sie davon ausgehen, sie würden den Männern mehr gefallen, wenn sie sich in Finanzangelegenheiten ihre Jungfräulichkeit bewahren und keinen Zweifel aufkommen lassen, daß in ihrem Wertekatalog die Ehe (oder wenigstens die Liebe) viel höher steht als die Arbeit.

Alleinstehende ledige Frauen scheinen zu denken: »Je hilfloser ich wirke, desto wahrscheinlicher ist es, daß einer für mich sorgen möchte.« Und Frauen, die mit einem Mann leben, meinen wohl: »Je mehr ich ihn dazu bringen kann, sich für meinen großen, starken Ernährer zu halten, desto unwahrscheinlicher ist es, daß er mich je verläßt.«

Diese Zurschaustellung des »Ich-brauche-einen-Mann-der-für-mich-Aufkommt« zieht zwar tatsächlich den einen oder anderen Mann an, aber wenn man dann wirklich einen hat, der einem den Lebensunterhalt ganz oder teilweise bezahlt, kann es schlimme Folgen haben – für *sie* mehr als für ihn.

Ich habe tragische Geschichten von manch einer Frau zu hören bekommen, die einem Mann (im Austausch gegen seine finanzielle Unterstützung) die besten Jahre ihres Lebens gegeben hat – und dann läßt er sie stehen. Plötzlich soll sie selbst für sich sorgen, nun schon in mittleren Jahren und ohne berufliche Erfahrung. Ich habe Geschichten von Witwen gehört, die keine Ahnung vom Umgang mit Geldvermögen hatten und von korrupten oder unfähigen Wirtschaftsprüfern und Anlageberatern bis aufs Hemd ausgezogen wurden. Da ihre Männer, auf die sie sich immer verlassen hatten, nicht mehr lebten, hielten sie sich an andere männliche Autoritätsfiguren – und waren endgültig verloren . . .

Wir erkennen heutzutage, daß jede Frau, die nicht lernt, finanziell für sich selbst zu sorgen, ganz gleich, welchen Alters und welchen Familienstandes sie ist, sich mit Sicherheit ebenso gefährdet, wie wenn sie eine Zeitbombe unter ihrem Bett anbringen würde. Bei der heutigen Scheidungsrate und bei der gegenüber den Männern viel höheren Lebenserwartung der Frauen ist es sich jede Frau schuldig, in finanzieller Hinsicht selbständig zu werden. Wird sie es nicht, bleibt sie ausbeutbar – und nur sie ist dafür verantwortlich, nicht die Gesellschaft, nicht die Männer.

Lassen Sie mich durch die Geschichten zweier Patientinnen veranschaulichen, was Solvenz und Scharfsinn in Geldangelegenheiten für das Selbstbild und das Glück einer Frau ausmachen und wie diese Fähigkeiten ihre hoffnungslose Abhängigkeit von Männern zum Verschwinden bringen. Beide Patientinnen sind in den Vierzigern und waren nie verheiratet.

Lisa, ein ehemaliges Fotomodell, hat sich ein Vermögen verdient, indem sie von Titelseiten bis zu TV-Werbespots für alles posierte. Leider ist sie mit ihrem Geld nicht sehr klug umgegangen. Sie übergab ihre Finanzangelegenheiten einem Vermögensverwalter, der sich als unfähig erwies. Lisas Fototermine sind weder so häufig, noch bringen sie ebensoviel ein wie früher. Sie hat versucht, einen anderen Beruf zu ergreifen, hatte aber bisher keinen Erfolg.

Lisa ist immer pleite, und das macht sie ziemlich unglücklich. »Wenn ich nur geheiratet hätte, hätte ich jemanden, der für mich sorgt«, seufzt sie. Sie bemüht sich eifrig, einen Mann zu finden, weil sie glaubt, ein Ehemann sei die Lösung. Und natürlich merkt sie, daß Ehemänner von der Art, wie Lisa sie braucht, rar sind. »Alle guten Männer sind schon vergeben«, sagte sie zu mir.

Phyllis, eine Fernsehproduzentin, hat eine völlig andere Einstellung. Sie hat ihr Geld gewinnbringend angelegt; eine ihrer Investitionen ist das elegante Stadthaus, in dem sie wohnt. Sie kann es sich leisten, ihre Freunde üppig zu bewirten, für sie und ihre Familie Geschenke zu kaufen, mit sich selbst gut umzugehen, indem sie schöne Reisen macht, sich nur die Kleider kauft, die sie haben will, ins Theater und in Konzerte geht und sich einen Neuwagen kauft, anstatt wie Lisa ihr Geld in ein altes Wrack zu stecken.

Phyllis weist den Gedanken ans Heiraten nicht von sich – sollte sie jemanden kennenlernen, den sie heiraten will. Aber sie hat keine Eile. Sie ist nicht auf der Pirsch. »Ich brauche keinen Mann, der für mich aufkommt«, sagt sie, »und das ist eine sehr angenehme Situation. Wenn ich nämlich jemanden finde, den ich liebe, werde ich, wenn überhaupt, heiraten, weil ich es will, und nicht, weil ich es nötig habe.«

Viel Geld zu verdienen, ist an sich noch keine Garantie für Selbständigkeit. Es ist ebenso wichtig, wenn nicht noch wichtiger, zu wissen, wie man mit dem verdienten Geld richtig umgeht.

Ich habe eine Freundin, Karen, die mit neunzehn Jahren von ihrer Mutter gezwungen wurde, ein Wirtschaftsstudium aufzunehmen. Ihre Mutter sagte: »Selbst wenn du es nicht dazu benützt, um gleich oder später einmal das große Geld zu machen – auch wenn du heiratest und nie einen Beruf ausübst – jede Frau sollte so gut wie möglich über Geld Bescheid wissen.«

Karen absolvierte also ihr Wirtschaftsstudium. Sie heiratete mit 23 Jahren und hielt ihr Konto fabelhaft in Ordnung. Nur war da leider nicht viel in Ordnung zu halten, denn sie war eine freischaffende Künstlerin, und ihr Mann ein ebenso freischaffender Fotograf. Karen hatte das Künstlerleben in der Mansarde schneller satt als ihr Mann. Sie überzeugte ihn, daß sie beide ein Geschäft anfangen sollten, irgend etwas Solides, etwas Zuverlässigeres als den kreativen freien Beruf.

Sie eröffneten also einen Würstchenstand und steckten ihr ganzes Geld hinein. Sie konnten bald einen zweiten Würstchenstand aufmachen; später kamen noch zwei weitere hinzu, und sie mußten Personal einstellen. Heute haben sie eine Kette von Schnellrestaurants mit verschiedenen Konzessionen. Ihr beträchtliches Einkommen geht zum Teil auf das Konto von Karens Geschäftstüchtigkeit.

Karen hat aus dem sicheren Wissen, daß sie immer für sich selbst sorgen kann, auch psychisch einen Gewinn gezogen. Obwohl sie eine gute Ehe hat und meint, es sei unfair, Mutmaßungen anzustellen, ob es ihr ohne ihren Mann gutgehen würde oder nicht, vermute ich, daß Karen auch allein ausgezeichnet zurechtkommen würde.

Natürlich haben es viele Frauen trotz der bedrückenden Statistiken über die Lohn- und Gehaltsunterschiede bei Männern und Frauen geschafft, ein stattliches Einkommen zu erzielen und/ oder aus ihrem Verdienst das beste zu machen. Wer wirklich finanziell unabhängig sein will, kann es schaffen.

Eine meiner beliebtesten Erfolgsstories ist die von Helen Gurley Brown, die die damals dahinsiechende Zeitschrift *Cosmopolitan* in eins der meistverkauften Magazine der USA verwandelte. Bevor sie *Cosmopolitan* wieder in Schwung brachte, hatte sie *Sex and the Single Girl* geschrieben. Dort erinnert sie sich, wie sie sich als Sekretärin in Los Angeles das Mittagessen in einer braunen Papiertüte ins Büro mitnahm und soviel Geld sparte, daß sie sich einen Mercedes kaufen konnte.

Dies ist eine klassische Variation des Themas: »Es wäre herrlich, einen Mann zu haben, da ich aber im Augenblick keinen habe, werde ich alles tun, um mir mein herrliches Traumauto und Kleider nach meinen Wünschen – einfach alles, was ich will – kaufen zu können. Ich kann mir das alles selber verschaffen.«

Und das war lange vor der Frauen-Emanzipation.

Jetzt kommen wir zum heikelsten Teil der echten wirtschaftlichen Selbständigkeit. Finanzielle Sicherheit gibt einem tatsächlich ein großes Maß an innerer Sicherheit. Aber einfach nur Geld zu verdienen und klug mit ihm umzugehen, bedeutet noch nicht, daß sie aus Ihrer Arbeit alles herausholen, was sich herausholen ließe.

Im Idealfall kann Ihnen Ihre Arbeit zusätzlich zum Einkommen Gelegenheit zu schöpferischem Ausdruck bieten. Sie kann Sie mit Stolz erfüllen. Sie kann Ihr Selbstwertgefühl steigern. Sie kann sie so in Atem halten, daß Sie weder gelangweilt sind noch zuviel lästige Freizeit haben, in der Sie über Ihren Partner grübeln oder sich nach einem Mann fürs Leben sehnen können.

Leider ist für die meisten meiner Patienten die Berufstätigkeit nur Brotverdienst. Das gilt übrigens für Männer wie für Frauen.

Nicht zu arbeiten hat heutzutage einen großen Stellenwert; das macht einen Teil des Problems aus. Unsere Gesellschaft, die früher der puritanischen Arbeitsmoral verpflichtet war, ist jetzt mehr vom Freizeitprinzip beherrscht. Die Menschen leben für ihren Urlaub. Sie freuen sich auf ihre Pensionierung, auf die Zeit, in der sie nur noch Golf spielen, sich an tropischen Stränden räkeln und ihren Proust von vorne bis hinten lesen können.

Die Freizeit – Urlaub, Ruhestand oder eine Erkältung, durch die man sich ein paar Tage krankschreiben lassen, zu Hause bleiben und fernsehen kann – ist so verlockend, weil die Arbeit in vielen Fällen so uninteressant ist. Nur sehr wenige Menschen haben das Glück, sich ihr Geld mit einer Arbeit zu verdienen, die sie gerne tun.

Der Schlager *Nine to Five* (von neun bis fünf) war so beliebt, weil er den Alltag der meisten Menschen – besonders der Frauen – wiedergab. Du stehst am Morgen auf, trinkst einen Schluck Kaffee und gehst ins Büro; jeder hackt auf dir herum, die ganze Welt, allen voran der Chef, hockt dir auf den Schultern – und das soll alles gewesen sein.

Millionen haben diese Schallplatte gekauft, weil sie sich mit dem negativen Image der Arbeit, mit diesem aufreibenden Einsatz identifizierten, den man leisten muß, um seine Miete bezahlen und leben zu können.

Für Frauen ist die Situation besonders heikel. Einmal fallen sie nämlich genauso wie die Männer der Vorstellung zum Opfer, Müßiggang sei eine idyllische Angelegenheit. Zum anderen sind wir Frauen für eine weitere Vorstellung sehr empfänglich, die uns hindert, aus unserer beruflichen Arbeit das meiste für uns herauszuholen: Frauen *sollen* sich innerlich viel mehr auf Liebe und Ehe ausrichten als Männer – so daß wir uns schließlich bei der Arbeit viel schwerer konzentrieren können.

Eine meiner Patientinnen hat es so formuliert: »Männer haben nichts als ihre Arbeit im Kopf, und Frauen nichts als Männer.«

Viele Patientinnen haben mich gefragt, wie die Männer nur so arbeitsorientiert sein könnten, wo doch Arbeit im allgemeinen etwas Unerfreuliches sei. »Was ist ihr Geheimnis?« fragen meine

Patientinnen (die zwar ganz willig sind, wie sie behaupten, sich aber in ihre Arbeit oder berufliche Laufbahn nicht verlieben können).

Wie man sich wirklich auf seinen Beruf einläßt – und zwar so weit, daß die Arbeit eine echte Quelle der Selbstverwirklichung und ein Mittel ist, ohne Mann zu Geld, Beachtung, Unterhaltung, ja sogar Macht zu kommen – ist gar kein so großes Geheimnis.

Des Rätsels Lösung lautet: Aus der Arbeit läßt sich nur das herausholen, was man zuvor in sie hineingelegt hat. Wenn meine typische Patientin das hört, sagt sie: »Ja, wirklich? Na, dann tauschen wir doch mal für einen Tag. Dann sind Sie die Sekretärin von dem alten Tyrannen. Ich möchte mal wissen, was Sie so alles in diesen Papierkram, die Tipperei, das Diktate-Aufnehmen hineinstecken könnten . . .«

Dieser Patientin, die glaubt, keine Wahl zu haben, antworte ich, daß es für sie sehr wohl eine Reihe von Alternativen gibt:

1. Wenn sie den fälligen Papierkram erledigt hat, kann sie zwischenzeitlich so viel wie möglich über das Geschäft ihres alten Tyrannen lernen. Sie kann über die Aktennotizen, die sie anlegt oder über die Geschäftsbriefe, die sie tippt, nachdenken.

Wenn sie dann den Eindruck hat, ihr Chef mache etwas falsch, oder eine andere Strategie als die von ihm gewählte würde sich für ihn mehr auszahlen, kann sie ihm ihre Ansichten darlegen. Vielleicht kommt ihr alter Tyrann zu dem Schluß, daß er eine neue Sekretärin braucht und daß die Fähigkeiten seiner jetzigen Sekretärin in der Marketing-Abteilung besser genutzt werden könnten.

2. Wenn sie die Arbeitsweise ihres Chefs langweilt oder wenn er auf ihre wiederholten Vorschläge nicht eingeht, kann sie ihre Mittagspause mit der Suche nach einem Job verbringen, der ihr mehr Möglichkeit zu persönlicher Entfaltung bietet.

3. Sie kann beschließen: »Also gut, ich bin bei diesem alten Tyrannen hier nicht glücklich. Ich weiß, daß ich eine sehr begabte Schriftstellerin (oder Erfinderin, Sängerin, Fotografin usw.) bin, aber ich brauche das Geld. Ich werde also die Zähne

zusammenbeißen und es hier aushalten; an meiner *eigentlichen* Karriere arbeite ich dann eben nachts und am Wochenende.«

Wenn Ihre Arbeit Sie nicht zufriedenstellt und wenn klar ist, daß Sie beruflich nicht vorwärtskommen, sollten sie herausfinden, was Sie am liebsten tun würden und dann alles in Ihrer Macht Stehende unternehmen, um sich damit Ihren Lebensunterhalt zu verdienen.

Sarah, eine meiner Patientinnen, ist eine vorzügliche Gitarristin und Sängerin. Aber ihre Engagements bei einer Band sind selten. Daher arbeitet sie als Bedienung in einem Nachtclub – in einem Lokal, wo viele Bandleader und Musiker aus und ein gehen; so kann sie vielleicht Kontakte knüpfen, während sie sich ihre Brötchen verdient.

Sarah könnte sich wohl schon erlauben, ihren Job zu hassen – sie ist schließlich eine begabte Person, und das Bedienen empfindet sie als herabsetzend. Es fällt ihr aber auf, daß sie sich eigentlich jeden Tag auf ihre Arbeit freut. Sie bemüht sich herauszufinden, wer all die Kunden sind – einer von ihnen könnte ihr ja zu ihrem großen Durchbruch verhelfen. Und es macht ihr sogar Spaß, die Kunden zu studieren, die nichts mit Musik zu tun haben, sondern Geschäftsleute sind. Viele ihrer Songs sind von den Gesprächsfetzen, die sie mitbekommt und von den Beobachtungen, die sie ständig an den Leuten macht, inspiriert.

Viele meiner Patienten sind Schriftsteller – und das Schreiben ist ein Beruf, der oft einen anderen Brotverdienst voraussetzt, sei es nun Taxifahren oder Unterrichten oder das Einspeisen von Lochkarten. Während sie ihre anspruchslose Arbeit erledigen, sind sie im Geiste gewöhnlich eifrig damit beschäftigt, den nächsten Abschnitt oder das folgende Kapitel des Werkes zu entwerfen, an dem sie gerade schreiben. Der Job ist erträglich, weil er die Schriftstellerei finanziert.

»Ich bin aber kein Schriftsteller oder Musiker«, sagen viele meiner Patienten. »Ich habe keine besondere Begabung. Und mein Job langweilt mich. Es ist wirklich aussichtslos.«

Wenn Sie also bei einem stupiden Job ein Gefühl der Aussichtslosigkeit haben, gibt es zwei Alternativen. Einmal können sie versuchen, diese Aussichtslosigkeit zu überwinden, indem Sie sich zwingen, Ihre Arbeit in einem positiveren Licht zu sehen. Zum anderen können Sie sich, wie gesagt, eine Arbeit suchen, die Sie mehr ausfüllt, und zwar nicht unbedingt in Gestalt eines neuen Jobs, sondern vielleicht im Ausbau eines Talents, von dem Sie bisher noch gar nichts wußten.

Sehen wir uns doch die Gründe an, die für eine positivere Einstellung gegenüber einem langweiligen Job sprechen! Erstens: Wenn der Job einigermaßen einträglich ist und sich Ihr Gehalt noch erhöhen kann, wäre folgende Einstellung denkbar: »Diese ganze Maloche lohnt sich, weil sie mir ermöglicht, mich chic anzuziehen, mit dem Taxi statt mit dem Bus zu fahren, fünf Mal die Woche Steak zu essen, meine Chaiselongue aus dem Trödelladen mit Rohseide beziehen zu lassen usw.«

Meine Freundin Karen ist ein Beispiel, wie man den sich allmählich verbessernden Lebensstandard im Sinn behalten und dadurch selbst die stumpfsinnigste tägliche Routinearbeit besser aushalten kann. Als sie und ihr Mann den ersten Würstchenstand eröffneten, der dann zu der Kette von Schnellrestaurants führte, haben sie sieben Tage in der Woche sechzehn Stunden täglich gearbeitet. Es war keineswegs ein himmlisches Vergnügen – Lieferanten finden, den Lebensmittel- und Personalkosten entsprechende Preise festsetzen, in der größten Hitze dastehen und die Ware verhökern, endlose Listen langweiliger Details erledigen. »Es war nicht gerade eine befriedigende schöpferische Arbeit«, sagte Karen, »für keinen von uns.«

Heute, wo sich das Geschäft zu einer Restaurantkette ausgeweitet hat, findet Karen die alltägliche Arbeit immer noch nicht faszinierend. »Aber ich beiße die Zähne zusammen und mache weiter«, sagt sie. »Gerade die mühsamen kleinen Routineverrichtungen, die ich täglich hinter mich bringe, halten nämlich die Qualität unseres Unternehmens auf einem hohen Niveau. Und je besser wir die Leute bedienen, desto mehr nehmen wir ein und desto besser leben wir.

Mich befriedigt es auch«, fährt Karen fort, »wenn ich unseren Kunden ein *gutes* Essen serviere. Es macht mehr Umstände, und das bedeutet ein Mehr an mühsamen Routinearbeiten – aber wenn ich die Kunden zufriedenstellen kann, bin ich auch zufrieden. Und zu wissen, daß man jeden dieser anstrengenden täglichen Handgriffe nach besten Kräften getan hat, bringt auch ein gewisses Maß an Genugtuung.«

Das gilt für jeden Beruf, für jede Arbeit – auch wenn man nicht sein eigener Boss ist, den die Aussicht, ein Selfmade-Millionär zu sein, über Wasser hält. Nehmen wir zum Beispiel eine Arbeit, die einem Außenstehenden unerträglich langweilig vorkommen müßte – in einer Automobilfabrik am Fließband stehen und Tag für Tag dasselbe Teilstück an derselben Maschine montieren. Ich habe trotz allem Fließbandarbeiter der verschiedensten Fertigungsanlagen kennengelernt, die große Befriedigung aus einer tadellosen Verrichtung ihrer Arbeit beziehen. Sie sind auch auf das Endprodukt stolz, zu dem sie beigetragen haben.

Ich kenne Frauen, die im Büro arbeiten und sich nicht innerlich beklagen, weil ihre Pflichten – Tippen, Stenografieren, Abheften, Buchführen – sie anöden; sie sind vielmehr stolz, wenn sie durch eine gewissenhafte Erfüllung ihrer Aufgaben zu einem reibungslosen Bürobetrieb beitragen und anderen Leuten die Arbeit erleichtern. Sie genießen es, Teil des Teams zu sein und ihm beim Erreichen seiner Ziele zu helfen.

Marian, Sekretärin eines Politikers, beschreibt ihre Tätigkeit so: »Ich vereinbare seine Termine, streiche sie, verlege sie, schreibe Briefe, mache Aktennotizen, feuchte Briefmarken an, fotokopiere, telefoniere – immerzu. Ist nicht gerade glanzvoll, der ganze Kleinkram! Auf der alltäglichen Ebene, an der Basis, hat die Politik überhaupt nichts Glanzvolles an sich. Ich glaube nicht einmal, daß es für meinen Chef besonders glanzvoll ist.

Aber ich stelle mir immer vor, daß ich ›an diesem speziellen Rad der Politik ein wichtiger Zahn bin‹. Ich denke mir: ›Was ich hier am Fotokopierer mache, kann ausschlaggebend sein für Sieg oder Niederlage bei der nächsten Wahl‹. Ich denke natürlich nicht die ganze Zeit daran, aber es ist meine grundlegende Einstellung zu Arbeit. Und ich fühle mich wirklich wohl mit meiner Arbeit – ich bin zufrieden mit mir.«

Wir kommen nun zur zweiten Alternative für Frauen, die ihre Arbeit hoffnungslos anödet: Wenn Sie einfach keine positivere Einstellung zu Ihrer Arbeit finden, versuchen Sie, Ihre *gesamte* Einstellung zu Arbeit und Beruf in einer schöpferischen Weise anzugehen, um so herauszufinden, welche Art von Arbeit Sie befriedigen könnte.

Meine Patientinnen geben oft Jobs, die ihnen als Sackgasse erscheinen, vor allem deshalb nicht auf, weil sie meinen, sie seien »nicht begabt genug« oder »nicht kreativ genug«, um etwas Besseres zu finden.

Nur allzu häufig haben sie auch keine Vorstellung, welche Arbeit ihnen mehr Spaß machen würde.

Aber jeder Mensch hat unerschlossene schöpferische Fähigkeiten. Oft kann eine neu entdeckte handwerkliche Tätigkeit oder eine andere Lieblingsbeschäftigung, die mit der Arbeit nichts zu tun hat, zum Beruf werden.

Francine ist eine Frau, die sich für unbegabt hielt. Sie meinte nicht nur, in kreativer Hinsicht eine Null zu sein, sondern verurteilte sich auch, weil sie in der Ehe »versagt« hatte. Sie nahm von ihrem Ex-Mann Geld für sich und ihre Kinder. Aber sie fühlte sich dabei wie eine Wohlfahrtsempfängerin. Sie konnte es nicht ertragen, von diesem Mann Geld anzunehmen, der Zeit ihrer Ehe ein Schürzenjäger war, *und* sie wollte irgendeine berufliche Karriere machen; sie wollte »jemand« sein, auf eigenen Beinen stehen.

Ein mit Francine befreundetes Ehepaar wollte zu Ehren seiner Tochter, die gerade ihren College-Abschluß gemacht hatte, eine Party geben. Die Leute baten Francine, die hervorragend kochen konnte, für das leibliche Wohl zu sorgen. Francine machte ihre Sache so gut, daß mehrere Gäste auf der Party sie baten, auch bei ihren Partys diese Aufgabe zu übernehmen – und Francine war auf dem besten Weg zu einem florierenden Partyservice.

Sie beantragte ein kleines Geschäftsdarlehen, das sie auch erhielt, und mietete ein Stockwerk in einem Bürohaus, mit einer Küche, die sie umbauen ließ. Jetzt gewinnt sie laufend neue Kunden, die Zahl ihrer Mitarbeiter wächst, und – was das Beste an dem ganzen ist – sie hat eine Arbeit, die sie wirklich gerne macht. Sie hatte immer schon selber neue Rezepte erfunden, aber nie geglaubt, das sei mehr wert als ein paar Komplimente von ihrer Familie. Jetzt hat sie aus einer Begabung Kapital geschlagen, die sie eigentlich nie als solche angesehen hatte – und ihrem Leben eine andere Richtung gegeben.

Viele Frauen übersehen die Talente, die sich in ihren Hobbies zeigen. Das Stricken zum Beispiel sehen sie als »Zeitvertreib« oder als »Sparmaßnahme« an, weil Selbstgestricktes billiger ist als Gekauftes.

Ihre Kunstfertigkeit beim Sticken, Stricken, Häkeln oder Nähen kann jedoch ein ziemlich gutes Geschäft werden; Sie können diese Arbeit zu Hause machen und Ihre Ware von dort aus vertreiben. Ich weiß von mehreren Frauen, die in ihren Wohnzimmern praktisch Ateliers für maßgefertigte Kleidung eingerichtet haben und Modellkleider, Umhängetaschen, Strickjakken, Strickmäntel – was immer Sie wollen – herstellen.

Eine Frau, die leidenschaftlich gern stickte, fing mit Weihnachts-Kissenbezügen für Freundinnen an und entwickelte daraus ein blühendes Unternehmen, indem sie die selbstentworfenen Stickmuster zusammen mit Garn, Nadeln und Rahmen verpackt und verkauft – ihre kompletten Stickpackungen zum Selbermachen (womit sie andere Frauen zu kreativer Tätigkeit anregt).

Meine drei Lieblingspullover hat eine Frau gestrickt, die eine Strickmaschine besitzt und ziemlich viel Geld damit verdient, da sie für eine wachsende Zahl von Kunden auf Bestellung Strickwaren herstellt. Sie macht keine Reklame; ihr Geschäft floriert aufgrund von Mundpropaganda. Sie hat keine laufenden Unkosten. Ihre Kunden haben das Gefühl, günstig einzukaufen – und das stimmt, denn Pullover kosten im Laden nicht nur mehr, sondern sind auch nicht so gut gearbeitet. Durch die Kleidungsstücke, die sie entwirft und herstellt, hat diese Frau einen ausreichenden Verdienst, so daß sie keinen Brotberuf braucht.

In den letzten Jahren hat die Anzahl der Frauen, die sich dadurch, daß sie zu Hause etwas herstellen, ganz oder teilweise ihren

Unterhalt verdienen, enorm zugenommen. »Kunsthandwerker« verdienen in der Regel nicht das große Geld. Aber allein schon die Tatsache, daß die Arbeit, die Sie gern tun (Töpfern oder Malen usw.), Ihnen Geld einbringt, kann den Job, mit dessen Hilfe Sie die Miete bezahlen – und der Sie langweilt – erträglicher machen. Noch mehr haben Sie davon, daß sie Ihre Identität aus dieser selbstgewählten Arbeit beziehen. Ich kenne z. B. eine Frau, die jeden Abend und jedes Wochenende in der Töpferwerkstatt zubringt, ihren Unterhalt aber als Buchhalterin verdient. Wenn man sie fragt, was sie macht, sagt sie: »Ich bin Töpferin.«

Von zwei der erfolgreichsten Frauen weiß ich, daß ihre Unternehmen nicht auf ihren Hobbys oder künstlerischen Fähigkeiten beruhen, sondern aus ihren Bemühungen entstanden sind, persönlich weiterzukommen. Jean Nidetch entwickelte einen Diätplan, der es ihr ermöglichte, abzunehmen und dann ihr Gewicht zu halten. Und dann baute sie diesen Plan so aus, daß die *Weight Watchers* daraus entstanden. Diese Vereinigung umfaßt heute nicht nur Therapiegruppen in ganz Amerika (und Europa), sondern auch Restaurants, eine Abteilung für Fertigprodukte und Ladengeschäfte. Jacquelyn Rogers konnte sich das Rauchen nicht abgewöhnen, bis sie schließlich eine Technik der Verhaltensänderung für sich entwickelte, die ihr half. Dann gründete sie *Smokenders*, um diese Technik an andere weiterzugeben, die mit dem Rauchen aufhören wollten, es aber nicht konnten.

Diese Frauen haben nicht nur sich selbst geholfen – sie helfen Millionen anderer. Stellen Sie sich vor, wie befriedigend das sein muß!

Für immer mehr Frauen ist die Arbeit das Wichtigste im Leben geworden – ob sie nun in Beziehungen mit Männern leben oder sich dies wünschen oder beides nicht der Fall ist. Jede Frau sollte anfangen, die Arbeit ernster zu nehmen, denn letzten Endes ist die Arbeit das einzige, worüber Sie allein bestimmen. Sie gehört Ihnen. Sie spiegelt Sie wider. Und dies können Sie – oder sollten Sie – niemals über den Mann sagen, den Sie lieben.

Schlußbetrachtung

Nun sind Sie auf dem Weg zur Selbständigkeit! Sie haben begriffen, daß Sie aus keinem plausiblen Grund – weder für die sexuelle Befriedigung, noch für emotionale oder finanzielle Sicherheit oder um nicht allein zu sein – unbedingt einen Mann brauchen.

Wenn Sie im Augenblick keine feste Beziehung zu einem Mann haben, wissen Sie, daß Sie keine Ursache haben, zu warten, bis Sie »den Richtigen« gefunden haben, bevor Sie Ihren eigenen Lebensstil entwickeln und Ihr Leben auskosten.

Wenn Sie »den Richtigen« gefunden haben, wissen Sie, daß Sie nicht durch seine Anwesenheit zu der fabelhaften Frau werden, die Sie sind. Sie wissen, daß Ihr Glück, Ihre Erfüllung und Ihr Selbstwertgefühl auf das Zentrum Ihrer inneren Sicherheit bezogen sind. Ihr Leben muß sich nicht um Ihren Partner drehen.

Wenn Ihre Beziehung zu »Ihm« aus irgendeinem Grund zu Ende gehen sollte – oder wenn Sie allein sind und allein bleiben möchten, wissen Sie nun gewiß, daß dies nicht bedeutet, Sie seien dazu verdammt, einsam, depressiv, unzufrieden oder auf das Mitleid der ganzen Welt angewiesen zu sein.

Sie wissen dies alles. Nun ist es an Ihnen, diese Erkenntnisse in die Tat umzusetzen, die alten Vorurteile abzulegen, durch die Sie in der hoffnungslosen Abhängigkeit gehalten wurden; es ist an Ihnen, gemäß Ihrer neuen Einstellung zu handeln: »Ein Leben als ›bessere Hälfte‹ mag ja prima sein, aber ich weiß zum Glück, daß ich ein ganzer Mensch bin, ganz gleich, ob ich verheiratet bin oder nicht.«

Sie können jetzt vielleicht nachfühlen, was eine Patientin mir vor kurzem gesagt hat. Cynthias Therapie war zu Ende, weil wir beide meinten, sie habe ihre Ziele erreicht: sich selbst besser kennen und lieben zu lernen und sich nicht mehr an ihren Mann zu klammern, um eine Art Selbstbewußtsein oder das Gefühl zu haben, geliebt zu werden. Cynthias extreme Abhängigkeit von ihrem Mann war für ihre Beziehung fatal gewesen.

Am Ende der letzten Sitzung sagte Cynthia zu mir: »Ich glaube, ich habe jetzt viel mehr Boden unter den Füßen, und darum ist auch meine Ehe fester gegründet. Ich weiß, es klingt paradox, wenn man sagt: Um auf die Dauer eine gute Beziehung zu haben, muß man wissen, daß man auch ohne sie – und zwar glücklich – leben *könnte*. Aber ich weiß, daß es so ist. Aber in bezug auf mein neues Ich bin ich noch ein bißchen nervös. Gestern abend zum Beispiel war ich beim Lernen.« (Eine Folge von Cynthias neuer Selbsteinschätzung war, daß sie ihren unbefriedigenden PR-Job aufgab und ein Jurastudium begann, was sie sich schon immer gewünscht, aber nie zugetraut hatte.)

»Ich hatte mich in Vorbereitung aufs Examen in einige Fälle vertieft, die mich besonders interessierten. Aber plötzlich hörte ich mitten im Satz auf zu lesen, ging hinüber zu Bob, der die Zeitung vor der Nase hatte und flüsterte: ›Liebst du mich?‹ – wie mein altes Ich es immer gemacht hat.

Aber ich meine, wenn ich nur von Zeit zu Zeit einen solchen Rückfall habe und mein Leben nicht mehr von dieser Abhängigkeit beherrscht wird, bin ich immer noch phantastisch. Stimmt's?«

Ich versicherte Cynthia, sie habe wirklich recht. Eingefahrene Gewohnheiten – besonders eine Gewohnheit wie der Gedanke, ohne Mann sei die Frau nichts, der das ganze Selbstbild bestimmt – verschwinden nicht sofort, wenn man erkennt, daß man sich ändern kann und sich klar macht, wie das gehen könnte.

Wesentlich ist, daß Sie versuchen, sich zu ändern. Beglückwünschen Sie sich zu Ihren Fortschritten; tadeln Sie sich nicht jedesmal, wenn Sie von Ihrem selbstgewählten Kurs abweichen.

Zu Cynthia habe ich gesagt, was ich gern jeder meiner Leserinnen persönlich sagen würde: »Sie stehen nun auf eigenen Füßen. Ich weiß, Sie können damit umgehen. Ich weiß auch, daß

Sie ebensoviel Vertrauen zu sich selbst haben, wie ich es zu Ihnen habe.

Vergessen Sie nicht: Wenn sie Aufmunterung brauchen, bin ich für Sie da. Aber denken Sie auch daran, daß Sie selbst der Mensch sind, der Ihnen am meisten helfen kann, der Sie am besten kennt und am meisten liebt! Wenn Sie dies wirklich glauben und danach handeln und *sich selbst,* Ihr wertvollstes Gut, einbringen, dann brauche ich Ihnen keinen Rat mehr zu geben. Der Erfolg ist Ihnen sicher!«

Danksagungen

Im Frühling 1979 bat mich meine Freundin Kris Filner vom Frauenzentrum des YWCA (Christlicher Verein Junger Frauen), eine Reihe von Vorträgen zu halten. Der erste hieß: »Warum glaube ich, ohne Mann bin ich nichts?« Das Interesse war so lebhaft, daß ich mich entschloß, ein Buch daraus zu machen.

Ruth Van Doren, Leiterin des Human Relations Center, und Alan Austill, Dekan der New School for Social Research (NSSR; Neue Schule für Sozialforschung), haben mich jahrelang ermutigt, in meinen Seminaren neue Themen anzubieten. Viele der Gedanken, auf denen dieses Buch beruht, stammen aus dem Seminar »Veränderungen wagen« und aus einem anderen, »Freundschaft unter Frauen«, das ich zusammen mit meiner besten Freundin, Janet Wolfe, an der NSSR abgehalten habe. In dieses Buch ist eingeflossen, was wir voneinander und von Seminarteilnehmerinnen über die therapeutische Wirkung gelernt haben, die gute Freundschaften unter Frauen (als natürliche Kraftquelle) haben können.

Als ich gemeinsam mit der Berufsberaterin Janis La Rouche das Seminar »Wie werde ich selbständig« abhielt, habe ich sehr viel über die berufstätige Frau und die für sie günstigen Strategien auf dem Arbeitsmarkt gelernt.

Mein besonderer Dank gilt Phyllis Stern für ihre Recherchen, Vorschläge und die Bereitschaft, in aller Eile Transskriptionen von Tonbändern anzufertigen, und meinem Sekretär Thomas Homsey für seine Anregungen und seine vielfältige Mitwirkung beim Zustandekommen dieses Buches. Ich danke ebenfalls meinen engen Freunden, die mich alle, jeder auf seine Weise, bestärkt und unterstützt haben. Ganz besonders möchte ich Phyllis Haynes danken, die mir immer wieder Türen geöffnet und dafür gesorgt hat, daß ich nicht den Mut verlor, wenn die Wogen hochgingen.

Auch meiner Tochter, Sylvia Russianoff, möchte ich danken. Sie hat mich, zusammen mit ihren Freundinnen – besonders Lisa Benson – wieder an den Problemen junger Mädchen und Frauen teilhaben lassen, die ich schon lange vergessen hatte. Von Herzen dankbar bin ich Michael Levy, dem guten Freund und Rechtsanwalt, der mich durch schweren Seegang gelotst, sich mit therapeutischer Geduld meine Klagen angehört und mich ständig in meinem Kurs bestätigt hat. Dank sei auch Carol Smith; ohne sie wäre dieses Buch nicht geschrieben worden, denn sie hat mich als erste gedrängt, meine Gedanken in einem Buch zu veröffentlichen. Aufs allerherzlichste möchte ich Elin Schoen danken, deren überragendes schriftstellerisches Talent, deren Fähigkeit, rasch zu begreifen, organisatorische Begabung und einzigartige Sicht der Dinge dazu beigetragen haben, daß dieses Buch entstanden ist. Sie hat mich auch Wendy Weil, meiner Agentin, und meinem Verleger Gene Stone vorgestellt; ihre Begeisterung und ihr Glaube an das, was ich inhaltlich zu bieten hatte, haben einen Traum wahr werden lassen.

Literaturhinweise

Die folgenden Buchtips können Frauen dabei helfen, mehr Selbstbewußtsein aufzubauen. Es handelt sich um eine knappe Zusammenstellung, zahlreiche andere Bücher könnten hinzugefügt werden; aber die Bücher, die mich beim Verfassen des vorliegenden Buches am meisten beeinflußt haben, sind enthalten. (Ergänzt wurden diese Lesetips mit einigen Titeln aus dem deutschsprachigen Raum).

Politische, kulturelle und soziologische Einflüsse

Beauvoir, Simone de: Das andere Geschlecht. Reinbek 1968, Rowohlt Taschenbuch Verlag

French, Marilyn: Jenseits der Macht. Männer, Frauen und Moral. Reinbek 1985, Rowohlt Verlag

Friedan, Betty: Der Weiblichkeitswahn oder Die Selbstbefreiung der Frau. Ein Emanzipationskonzept. Reinbek 1982, Rowohlt Taschenbuch Verlag

Friedan, Betty: Das hat mein Leben verändert. Beiträge und Reflexionen zur Frauenbewegung. Reinbek 1982, Rowohlt Taschenbuch Verlag

Friedan, Betty: Der zweite Schritt. Ein neues feministisches Manifest. Reinbek 1982, Rowohlt Verlag

Greer, Germaine: Die heimliche Kastration. Berlin 1984, Ullstein Verlag

Millett, Kate: Fliegen. Reinbek 1983, Rowohlt Taschenbuch Verlag

Millett, Kate: Sexus und Herrschaft. Die Tyrannei des Mannes in unserer Gesellschaft. Reinbek 1985, Rowohlt Taschenbuch Verlag

Mitscherlich, Margarete: Die friedfertige Frau. Eine psychoanalytische Untersuchung zur Aggression der Geschlechter. Frankfurt 1985, S. Fischer Verlag

Scheu, Ursula: Wir werden nicht als Mädchen geboren – wir werden dazu gemacht. Zur frühkindlichen Erziehung in unserer Gesellschaft. Frankfurt 1984[10], Fischer Taschenbuch Verlag

Psycho-soziale Themen, die Frauen betreffen

Benard, Cheryl/Schlaffer, Edit: Liebesgeschichten aus dem Patriarchat. Von der übermäßigen Bereitschaft der Frauen, sich mit dem Vorhandenen zu arrangieren. Reinbek 1981, Rowohlt Taschenbuch Verlag

Chesler, Phyllis: Frauen – das verrückte Geschlecht? Reinbek 1974, Rowohlt Taschenbuch Verlag

Dowling, Colette: Der Cinderella-Komplex. Die heimliche Angst der Frauen vor der Unabhängigkeit. Frankfurt 1982, S. Fischer Verlag

Eichenbaum, Luise/Orbach, Susie: Feministische Psychotherapie. Auf der Suche nach einem neuen Selbstverständnis der Frau. München 1985[2], Kösel-Verlag

Friday, Nancy: Wie meine Mutter. Frankfurt 1982, Fischer Taschenbuch Verlag

Friday, Nancy: Eifersucht. München 1986, Scherz Verlag

Horney, Karen: Neurose und menschliches Wachstum. Frankfurt, Fischer Taschenbuch Verlag

James, Muriel/Jongeward, Dorothy: Spontan leben. Übungen zur Selbstverwirklichung. Reinbek 1974, Rowohlt Verlag

Miller, Jean B.: Die Stärke weiblicher Schwäche. Zu einem neuen Verständnis der Frau. Frankfurt 1979, Fischer Taschenbuch Verlag

Missildine, W. Hugh: In dir lebt das Kind, das du warst. Vorschläge zur Bewältigung des Alltags. Stuttgart 1984[4], Klett-Cotta

Norwood, Robin: Wenn Frauen zu sehr lieben. Die heimliche Sucht, gebraucht zu werden. Reinbek 1986, Rowohlt Verlag

Smith, Manuel J.: Gib deiner Angst einen Tritt. Frankfurt 1979, Wolfgang Krüger Verlag

Der weibliche Körper

Unser Körper – unser Leben. Reinbek 1980, Rowohlt Taschenbuch Verlag

Manipulation durch Männer

Benard, Cheryl/Schlaffer, Edit: Die ganz gewöhnliche Gewalt in der Ehe. Reinbek 1978, Rowohlt Taschenbuch Verlag

Brownmiller, Susan: Gegen unseren Willen. Vergewaltigung und Männerherrschaft. Frankfurt 1983, Fischer Taschenbuch Verlag

Weibliche Sexualität

Barbach, Lonnie G.: For yourself. Berlin 1982, Ullstein Taschenbuch Verlag

Comfort, Alex: Joy of Sex. Freude am Sex. Berlin 1976, Ullstein Verlag

Comfort, Alex: More Joy of Sex – Noch mehr Freude am Sex. Berlin 1982, Ullstein Taschenbuch Verlag

Hite, Shere: Hite Report. München 1982, Goldmann Taschenbuch Verlag

Hite, Shere: Weibliche Sexualität. Von Frauen für Frauen. München 1982, Goldmann Taschenbuch Verlag

Masters, William H./Johnson, Virginia F.: Die sexuelle Reaktion. Reinbek 1984, Rowohlt Taschenbuch Verlag

Kitzinger, Sheila: Sexualität im Leben der Frau. München 1985, Biederstein Verlag

Meulenbelt, Anja: Für uns selbst. Körper und Sexualität aus der Sicht von Frauen. München 1981, Verlag Frauenoffensive

Frauen und Depression

Burns, David: Angstfrei – Mit Depressionen umgehen. Pfungstadt 1983, Minotaurus

Rowe, Dorothy: Ich entscheide mich für das Leben. Der Weg aus der Depression. München 1985, Kösel-Verlag

Seligman, Martin E.: Erlernte Hilflosigkeit. München 1983[2], Urban & Schwarzenberg

Kommunizieren und Zuhören

Satir, Virginia: Familienbehandlung. Kommunikation und Beziehung in Theorie, Erleben und Therapie – Das grundlegende Werk der Autorin. Freiburg 1979[4], Lambertus Verlag

Satir, Virginia: Selbstwert und Kommunikation. Familientherapie für Berater und zur Selbsthilfe. München 1982[5], Pfeiffer Verlag

Weisbach, Christian/Eber-Götz, Monika/Ehresmann, Simone: Zuhören und Verstehen. Eine praktische Anleitung mit Übungen. Reinbek 1979, Rowohlt Verlag

Veränderungen wagen

Bloom, Lynn Z./Coburn, Karen/Pearlman, Joan: Die selbstsichere Frau. Anleitung zur Selbstbehauptung. Reinbek 1979, Rowohlt Taschenbuch Verlag

Schmid-Heinisch, Ruth: Frauenwende. Neuorientierung in der Lebensmitte. München 1985, Kindler Verlag

Karriere

Bock-Rosenthal, Erika/Haase, Christa/Streeck, Sylvia: Wenn Frauen Karriere machen. Frankfurt 1978, Campus Verlag

Weibliche Erfahrung in der neueren Frauenliteratur

French, Marilyn: Frauen. Roman. Reinbek 1982, Rowohlt Taschenbuch Verlag

French, Marilyn: Das blutende Herz. Roman. Reinbek 1983, Rowohlt Taschenbuch Verlag

Kingston, Maxine H.: Die Schwertkämpferin. Berlin 1982, Ullstein Verlag

Meulenbelt, Anja: Die Scham ist vorbei. München 1978, Verlag Frauenoffensive

Morrison, Toni: Teerbaby. Roman. Reinbek 1983, Rowohlt Verlag